《图说名人》编委会 编著

舒伯特

歌曲之王

Shubote

Gequzhiwang

南海出版公司

图书在版编目（CIP）数据

歌曲之王——舒伯特 /《图说名人》编委会编著.
-- 海口：南海出版公司，2015.9（2024.8重印）
　ISBN 978-7-5442-7990-1

Ⅰ．①歌… Ⅱ．①图… Ⅲ．①舒伯特，F.P.（1797～1828）－传记 Ⅳ．①K835.215.76

中国版本图书馆CIP数据核字（2015）第204965号

GEQU ZHIWANG——SHUBOTE
歌曲之王——舒伯特

编　　著	《图说名人》编委会
责任编辑	张蕾
出版发行	南海出版公司　电话：（0898）66568511（出版）
	（0898）65350227（发行）
社　　址	海南省海口市海秀中路51号星华大厦五楼　　邮编：570206
电子信箱	nhpublishing@163.com
经　　销	新华书店
印　　刷	天津旭丰源印刷有限公司
开　　本	787毫米×1092毫米　1/16
印　　张	7
字　　数	80千
版　　次	2015年12月第1版　2024年8月第3次印刷
书　　号	ISBN 978-7-5442-7990-1
定　　价	36.00元

南海版图书　版权所有　盗版必究

前言 TUSHUOMINGREN

奥地利是音乐家的摇篮，在这个美丽的摇篮里，诞生了海顿、莫扎特、贝多芬、约翰·施特劳斯这些伟大的音乐家，还有舒伯特，古典主义音乐的最后一位巨匠。

法兰姿·舒伯特（1797—1828）出身于一个普通的家庭，父亲是教师，也懂音乐，母亲结婚前是女仆。家庭教育对孩子发展有重要影响，这已经成为一个常识。舒伯特是一个早慧的孩子，当他7岁学习音乐时，老师发现根本教不了他，因为老师所要讲的，舒伯特在父亲那里早已知道了。

在他考进皇家神学寄宿学校之后，接触了莫扎特的序曲和交响曲。正是这样不断地接触各种各样的曲谱，舒伯特学到了许多有用的音乐知识，为日后创作伟大作品提供了养分。天才就是能在大师的滋养下成为另一个大师，而没有天才的人只能在下面乘凉。正因为有了大师的作品，我们的灵魂才有了舒适的栖息地。不是每个人都可以成为大师，但是我们可以在伟大作品的滋养下，成为卓越的鉴赏家。

和很多神童一样，舒伯特年纪轻轻就创作出了自己第一部相当成熟的作品。16岁，他的《第一交响曲》问世。18岁时，他完成了第二、第三交响曲，还有144首歌曲。像经典的《魔王》《野玫瑰》《永恒的爱》等，都是他18岁时的作品。

舒伯特很穷困，他的创作条件极为艰苦。他没有钢琴，作曲时就需要借用朋友的。有一次他到朋友家，看到有人占用了钢琴，他因为自己的穷困，跑回家像孩子一样难过地哭泣。但正是因为这样，舒伯特练就了不用钢琴就能作曲的神奇本领。只有天才型的音乐家才有这种本领。

舒伯特在音乐追求上有自己的原则，不愿意迎合商业音乐，追求自己的高标准。他一生创作丰富，质量很高，可生前只在小圈子里得到承认。可惜天才多英年早逝，舒伯特31岁逝世，只留下美好的音乐舒展、陶冶、净化着我们的心灵。

少年时期

郊外的家 / 1

家庭音乐会 / 7

童声高音 / 11

天使的歌声 / 18

变迁 / 26

泉涌般的音乐

情侣 / 37

野玫瑰 / 48

魔王 / 57

朋友的策略 / 62

步入社会

匈牙利伯爵 / 69

外出旅行 / 74

星期五音乐会 / 80

早逝的天才

幸福 / 87

未完成交响曲 / 93

最后的旅程 / 101

郊外的家

少年时期

◇ 图 说 名 人 ◇

一个秋高气爽的下午。

有三个少年在维也纳郊外的大马路上匆忙地走着，其中一个身材最高大的少年用手指着前方说：

"就在那里！"

然后，他们在一幢房子的大门前停了下来。

年纪最小的少年，犹疑了一下之后，率先走进了大门。

他们走到并不很宽敞的院中时，年纪最大的少年向其他两个少年说：

"你们就是在这儿出生的。"

这三个少年的脸长得很相似，原来，他们是三兄弟，年龄分别是9岁、7岁、6岁。

"我记得很清楚，从二楼的窗户看出去，景色很美。可以看到两个教会的塔并列着，看起来似乎离这里很近。"7岁的卡尔说。

他说完后，9岁的费迪南又接着说：

"对！你以前已经来过一次了，不过，法兰兹还是第一次来。"

"是的。我这还是第一次来呢！我真的是在这里出生的吗？"

6岁的法兰兹虽然对这里一点印象也没有，但他好像正在回忆着一些事。抬头看着眼前的两层楼房子，他接着问：

"我们是什么时候从这里搬到现在住的房

> 名人名言
>
> 我的音乐作品是从我对音乐的理解和对痛苦的理解中产生的，而那些从痛苦中产生的作品将为世人带来欢乐。
>
> ——舒伯特

※ 维也纳郊外

子的？"

"在前年，也就是1801年。爸爸常说：'因为现在是新的19世纪，所以，房子、生活和学校也统统都要新的。'"

三兄弟站着谈话的院子，被两幢建筑物围成"冂"形，其中的一幢两层楼房子，就是他们出生的地方。院子里的三棵小枫树的叶子，已经变成了红色。

从院子能直接上到二楼的外楼梯，扶手上面的油漆已经剥落，可以看得到铁锈，好像很久没有人住的样子。楼梯上的阳台右边，有一个、两个、三个……共五个窗户排列着。

"你们好！——真难得！你们

知识链接

维也纳是奥地利的首都，奥地利的9个联邦州之一，是奥地利最大的城市和政治中心，位于多瑙河畔。维也纳约有170万人口，在欧盟城市中排第10位。维也纳是联合国的4个官方驻地之一，除此之外维也纳也是石油输出国组织、欧洲安全与合作组织和国际原子能机构的总部以及其他国际机构的所在地。2011年11月30日，维也纳以其华丽的建筑、公园与广阔的自行车网络登上全球最宜人居城市冠军。

歌曲之王——舒伯特

是舒伯特先生的公子吧?"

突然有人从背后这么说。三兄弟都吃惊地回头看。他们发现,在院子另一边房子的二楼上,有一位胖胖的妇人正微笑着看着他们三个人。

"有事吗?是不是爸爸叫你们来的?哎呀!那孩子不就是法兰兹吗?什么?已经6岁了?一年级了?真快呀!你们大家都好吗?爸爸和妈妈也都好吗?现在你们兄弟一共几人?五个?那么多!……是吗?最小的是妹妹吗?那小女孩一定也很可爱吧!"

三兄弟可能是有点吃不消这个妇人的唠叨,所以急忙地从院子走回大马路上。

"刚才那位阿姨是谁啊?"7岁的卡尔问道。

"那是房东阿姨,我最怕碰到她——法兰兹好像很难为情。"9岁的费迪南回答。

法兰兹走在两个哥哥的前面,轻声唱着歌。他一面用鞋尖踢着扁平的石头,一面向前走着。

在马路上一面走路一面踢着石头,似乎非常危险。但是,这条没有铺上柏油的马路,是在郊外。而

※ 维也纳街头雕塑

且，当时是19世纪初期的1803年，虽然这条马路属于首都维也纳的范围之内，但距离城门相当远。所以，在这条马路上来来往往的交通工具，顶多是一些邮政马车、载客马车和人们所骑的马匹而已。这天可能是星期日，所以并没有看到啤酒工厂和烧瓦工厂的载货马车。

马路的另一侧，还有不少的空地。

"费迪南哥哥，我们究竟有几个兄弟呢？假如一个也没死，一共有几个？"

法兰兹突然回头问了这句话，他可能是想起那位胖阿姨的话了。

"我是第十个，所以，你是第十二个。而且，有两个妹妹，但只有德丽莎平安地长大。一共有几个人，你自己算算看吧！"

7岁的卡尔从旁插嘴道："这样的话，从大哥哥到费迪南哥哥之间的哥哥们统统死了。然后就是我，我的下面是法兰兹，最后是德丽莎，现在一共有五个人。"

卡尔正用指头算数时，法兰兹说："我知道，如果全部一起算的话，共有十四个人。"

"对！你很聪明。"哥哥费迪南夸奖了法兰兹。

确实，舒伯特家的孩子们，前后共有十四个兄弟姐妹。

在那个时代，十四个孩子并不稀罕，而且，那时候的孩子大部分在还没长大时就死了，这可能是那时有关卫生和营养的知识尚未发展和普及的缘故。

看见法兰兹被哥哥夸奖，卡尔有些不服气地说："是吗？那么，伊格那兹大哥哥是最大的，费迪南是第十个，在这中间，共死了八个，然后……"

他又开始计算。"哎呀！真麻烦！"他停止了计算说，"喂！法兰兹，不要发呆了，你看吧！都要走过头了。"

法兰兹听了这句话后，就停止了踢石子，往马路的那一边看，看

知识链接

维也纳森林位于奥地利的维也纳市，是一片保持原始风貌的天然林，主要由混合林和丘陵草地组成，共1250平方千米，一部分伸入维也纳市。维也纳森林旁倚美伦河谷，水清林碧，给这座古城增添了妩媚之感。同时，维也纳森林还对洁净空气起着重要作用，拥有"城市之肺"的美誉。施特劳斯谱写的《维也纳森林的故事》更使它名扬世界。

歌曲之王——舒伯特

到了通到自己家的巷口。

这三个兄弟突然开始奔跑，直接横越马路。（前面已经说过，这个地方在首都维也纳的郊外，而且那时是1803年。所以，直接横越大马路，是没有危险性的。）他们走的这条路，是努斯多福大路，属于维也纳市区，这条路上有"36路"和"D路"两种路线的市内电车来往。而且，路上有了汽车和摩托车。

三个兄弟穿越马路之后，有一辆两匹马拉的马车驶过。在远处，也能看到好几辆马车。努斯多福大路是当时维也纳北郊的中心地，是贯通南北的大马路。

这时，有五六个绅士骑着马走来。因为这一天是星期日，而且也快到黄昏时分，所以，骑马到北边森林或维也纳森林郊游的人们，这时正在回家途中。

"看！女人！"7岁的卡尔看到后就叫着。

在绅士们之中，有一个年轻的贵妇人侧坐在马背上，向着南边，也就是向市区走去。走过这三兄弟身边的陌生男人，都看着这个妇人说：

"现在的年轻女人真是厚脸皮。"

"那种女人可能就是所谓的19世纪新女性吧！"

卡尔并没有注意听这类的话，他看着夕阳斜照着秋天的北边丘陵，说道："那座山真美！"卡尔似乎对绘画很感兴趣。

这时，正在独自唱歌的法兰兹说："听说贝多芬住在那里，是真的吗？"

费迪南开口道："你们两个少来这一套。"

他虽然是一个普通的少年，却说出这种早熟的话。这时，他突然看到他的朋友从巷口走出来，就对他叫道："喂！菲利士。"然后，对他的两个弟弟说："你们先回去吧！我要和菲利士玩一会儿。"

被哥哥撇在巷口的卡尔和法兰兹说："真是的。如果四点半以前不回家读书，会挨骂的。"

"啊！艾米和李赫特。"这两兄弟也碰到了朋友，所以，似乎也不准备立刻回家。

他们的家——"黑驹馆"，就在这条巷子里。

这附近一带，是比较贫穷的地方。如果要问这个郊区叫什么名字，舒伯特家的三兄弟一定会很得意地告诉你：

"这里是里希登塔尔，人口六千人。"

"虽然这里是维也纳的郊外，但我们仍然算是维也纳市民。"

"维也纳是神圣罗马帝国，也就是德意志帝国的首都。在德意志皇帝的统治下，文化非常繁荣。"

大家可能感到奇怪，维也纳为什么是德意志的首都呢？它不是奥地利的首都吗？……没有错。当时，奥地利也是德意志帝国（神圣罗马帝国）的一部分。那时的德意志帝国是由大大小小德国人的国家所组成的，没有统一，所以不久之后就被拿破仑瓦解了。

对外国人而言，称维也纳为奥地利的首都，是比较容易理解的。所以，当时舒伯特家的孩子们，可以说是德国人，也可以算是奥地利人或维也纳人。

当这三兄弟正和朋友一同玩耍时，我们先一起去访问"黑驹馆"。故事将会愈来愈有趣，我们赶快到"黑驹馆"去吧！

※ 拿破仑

歌曲之王——舒伯特

家庭音乐会

吃晚饭的时候，父亲、母亲和大哥都喝了点葡萄酒。可能是喝了今年刚酿成的新酒，所以他们看起来比平时稍有一点醉意。

当然，费迪南、卡尔和法兰兹三个孩子并没有喝酒。因为当天是星期日，母亲特地做了几道可口的小菜。星期天晚饭后开一场家庭音乐会，是舒伯特家的习惯。

"今天由我开始吧！"

父亲站起来拿了大提琴，由大哥担任钢琴伴

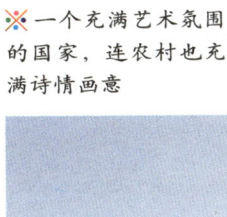

※一个充满艺术氛围的国家，连农村也充满诗情画意

奏。父亲所要演奏的曲子是海顿提琴协奏曲的第二乐章，他悠然地拉奏着。虽然这首协奏曲也是D大调，但并不是另一首著名且比较困难的D大调协奏曲，而是很容易拉奏的曲子。可能是因为父亲喝了酒，所以似乎拉得不太好。

父亲演奏完毕，母亲和三个小儿子，以及坐在钢琴旁边的大哥，都给予他热烈的掌声。

"下一个是法兰兹，你来演奏吧！"

父亲说完，6岁的法兰兹走近钢琴，然后转动着回旋椅子，把椅子升高后，坐了上去。他的脚当然没办法够到钢琴的踏板上，而且谱架上也没有放乐谱，他是背谱演奏的。他所要演奏的曲子，是海顿C大调奏鸣曲的第三乐章。

少年法兰兹将这个快板的最后乐章弹奏得很成功。

因为那时候还没有电灯，所以在谱架的两边都放着油灯，另外装在钢琴上的古式镀金的左右两个烛台上也各点着一支蜡烛，照亮着琴键。本来左右各有两个烛台，也就是说，一共有四支蜡烛。因为法兰兹已经背了乐谱，为了节省，只使用了两支蜡烛。

这个曲子的第三乐章的拍号是四三拍，而且，反复弹奏的部分很多，是很容易听懂的曲子。所以，如果不小心弹错，很容易被人发现。

法兰兹不但没有弹错，而且弹奏得非常成功，旋律出色、节奏清楚。父亲好像被这首曲子迷住了，轻轻地用手在膝盖上打拍子，快乐而满足地欣赏着演奏。

母亲和费迪南也很高兴地听着法兰兹的弹奏。只有伊格那兹一个人表情有些紧张地看着法兰兹。在过去的一个星期中，他认真地教授法兰兹，所以显得特别关心。

蜡烛的光稍微摇动时，法兰兹所弹奏的曲子，大调转为小调，法兰兹把这部分也流畅地弹出，当曲子又再度回到大调以后，不久就结束了。

知识链接

贝多芬（1770—1827），德国作曲家、钢琴家、指挥家。维也纳古典乐派代表人物之一。他一共创作了9首编号交响曲、35首钢琴奏鸣曲（其中后32首带有编号）、10部小提琴奏鸣曲、16首弦乐四重奏、1部歌剧、2部弥撒、1部清唱剧与3部康塔塔，另外还有大量室内乐、艺术歌曲与舞曲。这些作品对音乐发展有着深远影响，因此贝多芬被尊称为"乐圣"。

歌曲之王——舒伯特

"好！好！法兰兹，好！"

父亲、母亲和哥哥们都热烈地为他鼓掌，大大地赞美他。法兰兹自己把回旋椅转动了一下后，就从椅子上跳了下来，向大家鞠躬。

他心里可能在想，这就是一星期以来努力的结果。他高兴地跑到桌子旁说：

"妈妈，我可以吃一个苹果吗？"

"好，好！"

在另一边，父亲和大哥又开始倒葡萄酒了。

"虽然脚还够不着踏板，而且又不能控制八度音，但已经弹得不错了！"

父亲好像愈说愈高兴。因为小法兰兹即使把手指尽量伸开，也没有办法张开到能弹八度音的程度。所以，这首曲子中原有的八度音程，都由大哥伊格那兹改成五度音程。在平常，有时候也必须根据曲子的需要，把八度音程改成单音或者三度音程。

伊格那兹大哥说：

"喂！费迪南，现在轮到你了！"

9岁的费迪南走近钢琴，先把椅子稍微弄低一点。然后，他开始弹奏贝多芬作品四十九之二的G大调奏鸣曲。费迪南和弟弟法兰兹不同，他可以弹八度音程，脚也够得到踏板，所以能够演奏出更好的效果。

但是，比起法兰兹的演奏，他在曲子的某一个部分，音乐的表达稍嫌不够好。虽然费迪南犯了一次明显的错误，但在他演奏完毕后，一家人仍然为他鼓掌。

现在，已经有四个人演奏过了，只剩母亲和7岁的卡尔还没有演奏。他们两个人是在舒伯特家中，与音乐比较没有缘分的人。对于卡尔不太喜欢学习音乐的事，父亲曾经非常生气，也责骂过他。但是，父亲最近好像已经死了心，他曾经说：

"有一个儿子学习绘画，也是好的。"

在舒伯特家的四个儿子中，只

知识链接

在乐音体系中，音程指两个音的高低关系或两音之间的音高差距。音程可分为"旋律音程"与"和声音程"。旋律音程是指两个音符一先一后发出声音，其中较低的音称根音（下方音），较高的音称冠音（上方音）。和声音程是指两个同时发声的音符。同样，其中较低的音称根音，较高的音称冠音。

※ 如画的国度孕育了伟大的音乐天才

有卡尔一个人对绘画的兴趣比对音乐的兴趣还要高；而且，他确实也画得不错。

举行家庭音乐会时，卡尔只要和母亲一起合唱就可以了。那天晚上，伊格那兹大哥和费迪南两兄弟又继续用小提琴拉奏了贝多芬的小步舞曲。这首曲子并没有钢琴伴奏，而且是按照伊格那兹编曲的二重奏演奏的。

"如果将来法兰兹也能拉小提琴，我们父子就可以四重奏了。那就可以说是'舒伯特四重奏乐团'。"

父亲好像迫不及待地等待着这一天的来临。

小法兰兹心里也觉得："这一天一定会来临。"

歌曲之王——舒伯特

童声高音

"主啊!怜悯我吧……"

"耶稣基督,怜悯我吧……"

教堂里面传出了圣歌队练唱的美妙歌声。

这是1807年的春天。

维也纳北郊里希登塔尔教区的教堂外,有一对好像是夫妻的男女经过教堂时,听到了歌声,便说:

"真好!还是弥撒曲好听。那大概是巴哈的曲子。"

"我想也是。能够听到这种歌声的世界,真

※ 每年都有学子来到维也纳寻找他们的音乐之梦

是太美妙了！如果神圣罗马帝国灭亡，也一点都不会觉得可惜。"

"你怎么说这种话呢？不过，你说得没错。哈哈！"

他们两人笑着走了过去。事实上，维持了八百五十年的神圣罗马帝国（德意志帝国），已经在1806年被拿破仑消灭了。表面上，奥地利算是拿破仑统治的法兰西帝国的同盟国；但实际上，奥地利仿佛只是法兰西帝国的属国。维也纳的市民似乎对于以前的德意志帝国一点都不留恋。

这个时候，在里希登塔尔教堂内，合唱指挥者密歇尔·霍尔策先生正用双手指挥圣歌队，手拿着乐谱的合唱团员们也都看着霍尔策先生手的动作。

"主啊！怜悯我吧……"

他们反复地唱着同样的歌词。

在那时，拉丁文的歌词被普遍使用着。现在，站在里希登塔尔教堂里的合唱团的最前排唱女高音的人，并不是少女，而是少年。

女高音虽然是由女性所唱出，但是，少年在变声以前，也能够唱高的音域。其实，所谓的"童声高音"，也包括了童声中音和童声低声。

"耶稣基督，怜悯我吧……"

合唱进行到这里时，指挥的霍尔策先生突然用右手拍打谱架，歌声就立刻中断下来。

"这个地方唱得不好，唱到'怜悯我'的时候，'怜悯'的音不对，没有按照升记号唱，应该唱高一点才对。我们从头再练一次吧！"

平常，霍尔策先生性情温和、仁慈。但是，到了练唱时，就变得相当严格。少年们好像很敬畏他，又继续唱道："耶稣基督……"

"怜悯我吧……"

这时候，指挥的手又在谱架上拍了一下，说："不行！这一次把升记号唱得太高，而且，升记号以前的三连音也要注意。要这样唱：'达——达达达，达—达达。'"

他一面用手指轻轻地敲着谱架，一面唱出旋律。接着又说："现在，再从'耶稣基督'的地方开始唱。"

知识链接

从科学的角度讲，在音乐中，相邻的音组中相同音名的两个音（包括变化音级）被称为八度。八度包括了纯八度如C-c、D-d，减八度如B1-bB、E1-bE和增八度如F-#f、C-#c。

歌曲之王——舒伯特

少年们又开始唱,但还是唱得不好。无论怎么唱,都不能让指挥满意。

霍尔策先生有些不耐烦的样子,他咬着嘴唇,指着站在前排中间位置的一个少年说:"舒伯特,你单独一个人唱唱看!大家要注意听。"

指挥的手又轻轻地摆动,同时"耶稣基督……"的歌声由舒伯特口中唱出。

到那年春天已经满10岁的法兰兹·舒伯特,用优美的女高音唱着:"耶稣基督,怜悯我吧!"

他那美妙的歌声,完全正确的音程和适度的节奏,实在是太好了。

指挥的霍尔策先生满意地说:"你们都听到了吧?要像刚才舒伯特唱的那样,大家要唱得美妙、流畅、有感情,知道吗?"

霍尔策先生似乎再也找不出夸奖舒伯特的话了。法兰兹独自受到了夸奖,露出了有点难为情的表情。在两年以前,法兰兹就到里希登塔尔教堂,成了这位密歇尔·霍尔策先生的学生。

经过短短的学习,法兰兹就有了很大的进步,现在已经是圣歌队中最好的女高音。他不但学习声乐,也学小提琴、钢琴等乐器,同

※ 奥地利著名的美泉宫,但真正让这个国家扬名天下的是它的伟大音乐家们

时，还修习和声及其他的乐理。他对一切事物的理解力都很强，也比其他学生进步得更快。

那天晚上，法兰兹就在教会附属的音乐室里，跟着霍尔策先生学钢琴。

在蜡烛光照耀的谱架上的乐谱上，可以看到"贝多芬作曲，作品二十七之二"几个字。这首曲子是升C小调，在五线谱上有四个升记号。但是，10岁的法兰兹并不受C大调或A小调等调号的影响，轻易地在琴键上弹奏起来。

虽然这是第一乐章，但是却采用沉着的慢板。法兰兹的身体虽小，但他那柔软的手指已经完全能伸展到八度。他用右手弹奏主旋律，左手弹着美妙的和声三连音。他弹奏得相当流畅，不像是个10岁的少年所弹出的。

霍尔策先生坐在法兰兹右边的椅子上，露出欣赏的表情，他默默地聆听着，在曲子弹到一半时，他忽然说："等一下，那个地方……"

这个受到老师注意的地方，因为要使用左手的技巧，所以，对法兰兹的小手来说，稍微有点困难。后来，老师又继续听法兰兹把曲子弹完。

"好！练习得不错，弹得很好！"

慢板乐章演奏完以后，霍尔策先生夸奖了法兰兹一番。这个时候，风从房子里的一个缝隙中吹进来，蜡烛上的火光跳动了一下后，就熄灭了。幸好，当晚窗外有月光，房内不会变得很黑暗。老师再把蜡烛点燃。法兰兹对老师说："老师，我觉得这首曲子好像跟月光有关系，不知道您有没有这种感觉？"

"嗯……嗯……不错，有这种感觉，你形容得很对！"

霍尔策先生似乎不知怎么回答才好，看起来，他好像很佩服法兰兹。这首升C小调奏鸣曲，就是现在叫作

知识链接

和声指两个以上不同的音按一定的法则同时发声而构成的音响组合。它包含：①和弦，是和声的基本素材，由3个或3个以上和声上不同的音，根据三度叠置或其他方法同时结合构成，这是和声的纵向结构。②和声进行，指各和弦的先后连接，这是和声的横向运动。和声有明显的浓、淡、厚、薄的色彩作用；还有构成分句、分乐段和终止乐曲的作用。

《月光曲》的名曲,在舒伯特的少年时代,根本还没有这个名称。

"这孩子比他以前来学琴的哥哥费迪南,还要有天分。"霍尔策心里这么想。

弹完钢琴以后,当晚还有和声练习的课程。读者一定会认为,这样练下去是会令人生厌的。不错!这种练习方法,看起来好像很烦,但是这并不会花费法兰兹太多的时间。

我们看了刚才霍尔策先生只听法兰兹把曲子弹奏一次,就结束了钢琴课程,就可以知道,大部分的学生是因为不够用功,才要花费很多时间。

"法兰兹,习题做得怎么样?今天做了多少?"

"做到六十三页的问题。"

法兰兹把五线谱的本子放在谱架上,并把本子打开。他写好答案的地方,比老师所规定的进度超过了两课。

"你自己弹弹看吧!"

"好。"

法兰兹把做好的和声问题,一个接一个地弹出来,一点错误都没有。霍尔策先生深深地点头道:

"好!做得好,法兰兹……不过,你把习题写完后,有没有拿给你父亲或伊格那兹看过?"

"没有。"

"真的吗?"

"大哥哥这个礼拜去旅行,大概明天才会回来。"

"是吗?哦!对不起。法兰兹,我真是愈来愈觉得你很有天分了。"

现在,老师不但是欣赏法兰兹,更露出了赞叹、惊讶的表情。其实,所有的和声问题,都是法兰兹自己解答的。他用不着父亲或哥哥指导,用自己的耳朵听,就能够明白。他那位13岁的哥哥费迪南在音乐方面已经赶不上他了。另外,23岁的大哥伊格那兹,从一开始就不打算成为音乐家,这一点,和父亲老舒伯特是一样的。

当然,父亲和大哥都喜欢音乐,舒伯特家从很早以前就开始举行家庭音乐会。但是现在对于乐器的演奏,以及和声练习的问题,舒伯特全家人都已经赶不上10岁的小法兰兹了。所以,他的父亲就让法兰兹到附近有名的霍尔策先生那里去学习。

现在,这位霍尔策先生手拿着法兰兹的五线谱本子,用二分音符和全音符,写了八小节的主旋律。然后对法兰兹说:"把这个旋律配上和声弹弹看。用不着写上去,用钢琴马上弹出来就可以了。"

法兰兹把本子放在谱架上,打开本子后,他就把脸凑上去看谱,这是小法兰兹一向的习惯。

霍尔策先生说:"你不要把脸靠得那么近。这样的话,你早晚会变成近视眼的,要小心。"

"是的。"

但是,法兰兹仍然不知不觉地把脸凑近五线谱去看。其实,这时的法兰兹已经有一点近视了,老师也忘了再一次提醒法兰兹,因为法兰兹已经将主旋律配上了美妙的和声;而且,其中竟然有霍尔策完全没有教过他的七和弦。

"好!真是太好了!法兰兹。对了!我想起一件事来了。我老早就想向令尊说,但总是忘了。我准备今晚在上完课后出去散步,所以,我现在可以送你回家,并到你家去坐坐。"

法兰兹练完琴之后,就和霍尔策一起回家。

对于老师在夜晚的突然来访,老舒伯特夫妇都感到很吃惊。

"晚安!霍尔策先生。真谢谢

※ 以舒伯特之名命名的钢琴

歌曲之王——舒伯特

您特地送法兰兹回家。"

"不，我不是送他回来，而是来和你谈一件重要的事情。"

"什么事？先生。您这么说，倒让我有些害怕。"

"并不是出了事，舒伯特先生，说句老实话，我现在已经没有东西可以教给你的法兰兹了。"

"什么？霍尔策先生，您不要开玩笑，您这句话到底是什么意思呢？"

当老舒伯特先生大为吃惊的时候，霍尔策先生就把刚才替法兰兹上课的情形告诉了他。并且说，法兰兹很有音乐方面的才华，能立刻把一段八小节的主旋律配上和声；而且，对于还没有教过的东西，也已经能了解。接着，霍尔策先生又说：

"说真的，这孩子的手能创出和声。他真是个天才，不但歌声美妙，音程和节奏也完全正确。至于乐器的演奏，无论是弹钢琴或拉小提琴，他的天分确实比别人高。以前，法兰兹在教会也常常帮我弹赞美歌的伴奏，这件事你是知道的。此外，像和声一类的乐理他也都懂。所以，现在我已经完全没有东西可以传授给他了。"

"霍尔策先生，我们对您真是感激不尽！但法兰兹毕竟是个孩子，先生您又是著名的对位法权威，请不要太客气。"

"我不是客气。我虽然还没有教他对位法，但我想，即使不教他，他也一定会懂的。像对位法这种学问，有天才的人是不用特别学习的，我一直都有这种信心。"

"不！霍尔策先生，请不要这么说。"

"舒伯特先生，这是真的。以后他要是到教会或者到我那儿去，我会很乐意地把一切都教给他。但是最好还是尽快为他找一所好的学校，或找一位更好的老师，让他继续学习。我就是为了这件事，才特地来拜访你。很早以前，我就想来拜访了。今晚因深深察觉法兰兹的音乐天分太高，所以情不自禁地来此……舒伯特太太，谢谢你！真高兴喝了你的啤酒。——说真的，舒伯特先生，你要仔细考虑这件事。天才是要尽力培养的。所以，我们应该尽量设法找寻机会或者找人才是。"

听完里希登塔尔教堂合唱团的指挥——霍尔策先生的话之后，四十四岁的"黑驹小学"校长老舒伯特和他的太太，心里真有说不出的感激。但是，舒伯特家很穷，要学习音乐，必须花费一笔不小的费用。小法兰兹以后将怎么办呢？

天使的歌声

1809年5月12日的夜晚，第二学期开学后不久，奥地利的首都维也纳市区内发生了一场大骚动。由于外面炮声隆隆，所以没有一个人能安心睡觉。拿破仑（1769—1821）的法国军队又攻击维也纳了。

当时的德意志帝国因为被法国军队打败，又多年来受到拿破仑的压制，所以反抗意识特别强烈。在各地常有反拿破仑的运动。

这次的叛乱发生在奥地利西部，以冬季竞技场闻名的因斯堡所在地提洛尔。拿破仑获悉这次的叛乱后非常生气，就下令用大炮轰击奥地利的首都维

※ 伟大的拿破仑在奥地利同样受到爱戴

歌曲之王——舒伯特

知识链接

管弦乐团是大型音乐表演团体，一般用来演奏古典音乐或者录制电影配乐。一个管弦乐团大约由70位以上的演奏家组成，有些甚至有上百位演奏家。形式比较小的管弦乐团也被称为室内乐团，室内乐团的成员一般少于30人。在两者中间还有所谓小交响乐团。

也纳。

当然，这并不像第二次世界大战那般激烈，只是每隔一段时间才发射一次榴弹。但是在当时而言，榴弹是一种强猛而可怕的武器，它在落地后就会爆炸。因此在整个维也纳市区内都可听到大炮的声音，人们都恐惧万分。

突然，夜空上出现一声巨响，康维特学校的宿舍玻璃都被震碎了。住宿的学生们吓了一跳，一个个像乌龟般地缩在棉被里头。

可能是炮弹落在校园的某一个地方。

"混蛋！这么炮击……"到舒伯特等人的寝室来巡逻的修伯恩愤愤地说，"你们真不像样！一个个都脸色苍白。"

"不要乱讲！老爹，这么黑你怎么看得到我们的脸？"

"我不但看得到，还看得很清楚。脸色最苍白的人就是你——威瑟。"

修伯恩取笑了威瑟一番后，接着说："幸好没射中，好像没发生火灾。"

康维特学校是石造的建筑物。

"哎呀！舒伯特，你的脸色也很苍白。"修伯恩又说。

"少来了！修伯恩，刚才大炮响的时候，你还不是用双手捂着头，躲在我的床下。"

"糟糕！被你看见了。哈哈！你这个近视眼，只能看到不该看到的东西。"

这些话引起一阵哄笑。正因为修伯恩是这么一个有趣的人，所以大家都很喜欢他。

"武力强的人称霸世界时，就好像正在流行的传染病一样，我们实在是一点办法也没有。不过，拿破仑迟早会被打败的。"

"但是，我实在不愿意再看到战争。因为一旦发生战争，就会有战败、谈和，然后又是战争、战败、谈和……不知道什么时候才能结束！"

"我真希望尽快开音乐会。我们的管弦乐团现在正走上轨道，在社会上也开始有了名气。"

※ 莫扎特塑像

康维特学校的管弦乐团，成员包括大学生、中学生、小学生等，一共30个人左右，是小编制的管弦乐团。当气候温暖时，他们就把练习室的窗户打开，练习音乐的演奏声吸引了许多路人或邻居。所以这些年来，警察先生常要因为附近居民把椅子搬到马路上来欣赏音乐的事，出来管制民众或整顿交通。

那时候还没有唱片、收音机和电视，因此对大家来说，能够直接欣赏管弦乐团的演奏，实在是一大享受。

康维特管弦乐团原来是由卢其茨卡先生组织、指导的，不久后才由高年级的修伯恩担任代理指挥。

舒伯特虽然只是个少年，但他的小提琴技巧已经非常高超，经由修伯恩的推荐，他在加入管弦乐团后不久，就担任第二小提琴的首席。

现在，因为战争，管弦乐团的练习不能顺利地进行。

"不过，也正因为战争，政府的法令延迟，我现在才能还留在宿舍里。不然，我现在已经离开了维也纳，到乡下当公务员去了。"

修伯恩说得没错。因为他已经毕业了，不能算是康维特学校的学生。他是由于喜欢音乐，以及怀念学校的管弦乐团，所以才留住在康维特学校的宿舍内。

法兰兹心里明白，修伯恩迟早会离开康维特学校，因此内心感到

歌曲之王——舒伯特

知识链接

拿破仑·波拿巴（1769—1821），法兰西第一共和国执政、法兰西第一帝国皇帝，出生在法国科西嘉岛，是一位卓越的军事天才。他多次击败保王党的反扑和反法联盟的入侵，捍卫了法国大革命的成果。他颁布的《拿破仑法典》更是成为后世资本主义国家的立法蓝本。他执政期间多次对外扩张，形成了庞大的帝国体系，创造了一系列军事奇迹。1812年兵败俄国，元气大伤；1814年被反法联军赶下台。1815年复辟，随后在滑铁卢之战中失败，被流放到圣赫勒拿岛。1821年病逝，1840年尸骨被迎回巴黎，隆重安葬在塞纳河畔。

十分不舍。对法兰兹而言，这位比他年长九岁的修伯恩，比其他同学更能使他有亲切感。

入秋以后天气逐渐转凉。经过了一段相当长的时间，维也纳市终于恢复了平静。因为维也纳市与拿破仑签订了和平条约。

从18世纪末算起，在舒伯特出生那年（1797年），法国与奥地利首次订立了"坎坡福米奥和约"。十年后双方又签订了"吕内维尔和约""普勒斯堡条约"。之后再度订立"维也纳条约"。从这些条约可以知道，奥地利和拿破仑的军队之间常常发生战争，而且奥地利军队每一次都打败仗，因此失去了一部分领土。

虽然维也纳的市民恨透了拿破仑，却也无可奈何。最可惜的是，自古以来防卫维也纳市的城墙也在战争中被破坏。

"经过这次战争，这条里希登塔尔街也和旧市区内没什么差别了。现在已经用不着城墙或城壁，这种东西愈早毁坏愈好。"

说这句话的，是经过数个月以后又回到康维特学校的法学士修伯恩。在上次榴弹落到康维特学校而发生骚动后不久，修伯恩离开了维也纳，到别的地方担任地方官。但维也纳恢复平静以后，他听说康维特学校的管弦乐团又恢复了练习，所以就忍不住找个借口请假，特地到康维特学校来待两三天。就这样，他突然出现在他所怀念的母校乐团练习室里。

当然，舒伯特和其他的30名乐团团员，都感到非常高兴。

"听说，还没完全拆掉的旧城壁，迟早会被拆除的。这么一来，旧市区和郊外就完全没有区

21

别了。"

正如舒伯特所说的那样，在不久的将来，共有34个卫星乡镇可能会和旧市区连在一起。

"这样的话，像你这种住在郊区的人，也会变成维也纳人了。"

修伯恩又像过去一样取笑舒伯特。他又立刻接着说：

"现在应该马上开始练习，因为时间宝贵，这次我只能在维也纳待很短的时间。"

"今天要请老爹来指挥，我也会帮忙。"

舒伯特说完后，所有的团员便接着说："机会来了！""老爹加油！"修伯恩虽然已经毕业，仍然和过去一样受到大家的欢迎。

心中似乎早有打算的修伯恩说："今天有这个就可以了。"

说着，他拿起小提琴的琴弓站了起来。在当时，乐团的指挥不像现在这样明显、独立，大部分是由小提琴的首席兼任指挥。早先的康维特管弦乐团，是由卢其茨卡先生亲自担任小提琴手，并一面以眼睛或身体，或用琴弓指挥。

如果管弦乐团中再加上钢琴或大键琴，那么演奏钢琴或大键琴的人通常会成为乐团的中心人物。不像现在，乐团中有专任的指挥者，以指挥棒指挥整个乐团。

现在，修伯恩不依照惯例，他只拿着小提琴的琴弓站了起来。舒伯特拿起小提琴，也站在离修伯恩不远的地方。大家都知道，代理指挥修伯恩离开学校后，舒伯特奉了卢其茨卡先生的命令，代替修伯恩担任代理指挥。

修伯恩说："我不太喜欢克哲洛夫的曲子，如果是莫扎特或贝多芬的曲子，那该有多好。"

在乐团的谱架上，放着克哲洛夫交响曲的乐谱。

"我觉得克哲洛夫的曲子比科隆马的曲子要好一些。"

这些作曲家，现在很少有人知道，但在当时，他们的曲子常被演奏。这可能是卢其茨卡先生和这些作曲家认识的缘故吧。

"不过，今天卢其茨卡先生不会到这儿听我们演练。因为他明天要出差考察，现在他可能在家里忙着整理行装吧！这是我刚才在总务科听来的消息。"

修伯恩说完后，团员们纷纷说：

"哎呀！老爹，你的消息还是那么灵通。"

"你好久没来，一回来就知道这件事了。"

"那么，我们不要演奏克哲洛夫的曲子，改演奏莫扎特的曲子，

歌曲之王——舒伯特

> ### 知识链接
>
> 　　交响曲是器乐体裁的一种，是管弦乐队演奏的包含多个乐章的大型（奏鸣曲型）套曲。源于意大利歌剧序曲，海顿时代定型。基本特点为：第一乐章快板采用奏鸣曲式；第二乐章速度徐缓，采用二部曲式或三部曲式等；第三乐章速度中等或稍快，为小步舞曲或诙谐曲；第四乐章又称"终乐章"，速度急进，采用回旋曲式、奏鸣曲式等。

怎么样？"

　　"这样好了，演奏莫扎特的G小调交响曲吧！"

　　"对！刚好这首曲子的乐谱是老爹捐给乐团的，我们就演奏莫扎特的曲子。"

　　于是莫扎特G小调交响曲的乐谱，就取代了克哲洛夫交响曲的乐谱，出现在各团员们的谱架上。这首曲子是修伯恩和舒伯特最喜欢的乐曲。

　　"现在开始吧！"

　　修伯恩手拿小提琴的弓开始指挥，舒伯特站在离修伯恩不远的地方，好像独奏者一样，手拿着小提琴准备演奏。这种情形等于两个人共同指挥。在当时，这种重复指挥的情形并不算稀罕，有时候也有三重指挥或超过三人以上的指挥。

　　修伯恩挥动着指挥棒，莫扎特的G小调交响曲便悠扬地开始了。

　　当时的舒伯特只有12岁，但因为已经担任过代理指挥，而且那天又是他最亲近的朋友修伯恩担任总指挥，所以他心情愉快，拉奏得特别出色。所有的团员也由于修伯恩的到来，更用心地演奏。

　　乐曲从第一乐章的快板，逐渐进入第二乐章的行板，原来悲怆快速的曲调变得和缓安详，室内充满了美妙的乐音。

　　演奏完第二乐章后，突然窗外传来了一阵叫好声和热烈的掌声。修伯恩、舒伯特和全体团员都吃了一惊，不约而同地往窗外看，发现一大群人，不知道是从什么时候起站在窗外倾听的。站在人群中最前面的人，额头几乎已经贴在窗户的玻璃上了。这些人都看着室内，并不停地鼓掌。

　　修伯恩高兴地挥动了一下拿着指挥弓的右手，向窗外的听众们答礼。然后，他对舒伯特及团员们说：

　　"真令我吃惊，这么冷的天气，窗户也没开，怎么会有那么多人来听我们的演奏呢？"

　　如果是夏天的话，这种情形还

※ 指挥也是一门学问

不足为奇。但是现在已经进入了深秋，居然还有那么多人来欣赏康维特管弦乐团的练习，可以说是前所未见的。

"老爹，不要休息，我们继续把曲子演奏完吧！"有一位团员深受感动地说。大家也都赞同着说："好！"

"对，喜欢音乐的邻居们，对于学校管弦乐团的复出，一定感到很高兴。"

"尤其是今晚演奏的是已经很久没被演奏的莫扎特的曲子。"

"而且指挥又是大家所熟悉的修伯恩老爹。"

兴奋之余，全乐团立刻就准备下一个乐章的演奏。这确实是一件罕见的事。

当时练习一首交响曲与正式演奏时一样，并不一定要从头不断演奏到结束，而在各乐章之间有稍作休息的习惯。所以，现在康维特管弦乐团的全体团员立刻又准备演奏第三乐章，可能是因为观众的掌声，以及为了答谢老朋友修伯恩的指挥吧！

"好！现在马上开始演奏小步舞曲（第三乐章）。"

修伯恩很有精神地说着，但突然又好像想到什么，向身旁的舒伯特说："喂！你还可以吧，法兰兹？你是首席，又要站着拉琴，会不会太累？"

"不！一点也不累。这个乐章是我最喜欢的，而且又是老爹担任

歌曲之王——舒伯特

指挥。"

"少废话！我觉得这个乐团比以前更进步，大概是由于你的努力。"

"不要这么说，老爹。别浪费时间了，开始吧！"

舒伯特拿着琴弓，做出准备拉琴的姿态。于是，修伯恩便说："好吧！"

修伯恩看了一下整个乐团之后，便挥起指挥弓。第三乐章就开始演奏了。这首G小调交响曲和初期的同调作品不同，是莫扎特晚年所作，曲中满布着哀愁。第一乐章和第二乐章的演奏，共需八十多分钟，但第三乐章的小步舞曲，只花费十分钟左右而已。

这个具有民谣风味和哀愁气氛的乐章是舒伯特最喜欢的部分。第三乐章演奏完毕，紧接着就进入第四乐章的"很快的快板"，热情的节奏又再度出现。第四乐章并不长，不久他们就完成了全曲的演奏。

这时，窗外又传来叫好声和热烈的鼓掌声。确实，对于一所学校附属的管弦乐团而言，这真可算是一次非常成功的演奏。修伯恩、舒伯特和全体团员，都很高兴，很满意。修伯恩说：

"我想起一件事了，舒伯特，你以前曾经说过，你特别喜欢这首曲子中的小步舞曲部分，这是为什么？到底好在什么地方？"

"我也不知道为什么特别喜欢这部分，老爹，我完全想不出特别的理由。"

"对！音乐本来就是这样。但是，你能不能用言语表达出你的感觉呢？"

"很难说……不过，这首小步舞曲，尤其是三重奏的地方……当我自己拉奏这部分时，有一种好像天使在我的身边，与我一同歌唱的感觉。"

"嗯！原来如此。"

修伯恩似乎很佩服舒伯特似的点着头。舒伯特的这句"与天使一同歌唱"，后来一直流传下来，成了名言。

修伯恩带着美好的回忆，再次离开了维也纳，回到他服务的地方。

※ 管弦乐团中所使用的大提琴

变　迁

在第一次成绩单的备注栏中，曾被注明"有音乐才能"的舒伯特，到了第二学期，成绩单上不但注明"有极丰富的音乐才能"，还加上了"能充分地演奏困难的钢琴曲和小提琴曲"的附注。此外，他也在礼拜堂演唱，是个杰出的童声高音。后来，在康维特学校中，他在音乐方面的才华超出了所有的学生，成了人人注目的焦点。

1810年，也就是舒伯特13岁那年开始，他每天单独一个人在钢琴室中，不断地弹奏着一些别人从来没听过的曲子。

※ 教堂内景

歌曲之王——舒伯特

知识链接

四重奏：在四重奏的领域中，弦乐四重奏是最重要而且也是数量最多的一种形式。弦乐四重奏的乐器组合通常是两把小提琴、一把中提琴及一把大提琴，另外也有作曲家采用大、中、小提琴各一把，再加上一把低音提琴的组合，但数量并不多。

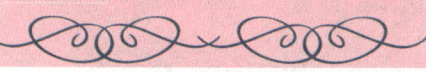

"舒伯特到底在弹些什么曲子呢？"

学校的学生们都觉得很奇怪。不过，这也难怪，因为舒伯特是在弹奏他自己作的曲子。换句话说，他已经开始作曲了。

"那家伙真怪异！"

"但是，他给人的印象还不坏。"

"对！不过，我觉得他这人很内向，只有碰到像老爹那种人时，才合得来。"

这是舒伯特的同班同学缪纳和威瑟两个人的一段对话。事实上，舒伯特虽然性格内向，但是，如果校方有属于学生的节目时，他也会和大家一同尽兴地玩乐。

这是1810年到1811年的冬天所发生的事。这天，从钢琴室中传出每个人都熟悉的琴声和歌声。

"啊！遇到了狮子的父母，要把它们当战斗的对象……"

这句奇怪的歌词刚中断时，修伯恩走进来，问道：

"这是什么曲子？这首曲子有奇妙的咏唱。"

不久以前，修伯恩调职回到维也纳，所以他又常到康维特学校来。

"你说的是这个吗？"

舒伯特把放在钢琴上的诗拿给修伯恩看。这首诗是诗人休京所作，题名为《夏甲的悲叹》。

"嗯！原来背景是在沙漠，难怪……音乐虽然相当不错，但歌词很奇怪。这音乐听起来好像是作曲家哲姆休提克的作品。"

"老爹，你有这种感觉吗？"

然后，舒伯特便向修伯恩表示，他就是想写像哲姆休提克作品的曲子。

现在，几乎没有人知道哲姆休提克这位作曲家，但在当时，人们常咏唱他所作的歌曲。

"我认为，现在的作曲家中，贝多芬最伟大。但是我连模仿他的作品都办不到。而哲姆休提克的作品是比较容易揣摩的典范。"

"少说大话。不过，既然你这么说……"

修伯恩翻着《夏甲的悲叹》一

※ 只有在维也纳，你才能感觉到"建筑是凝固的音乐"的含义

诗说：

"一共有12章之多，是篇长诗。法兰兹，你把全篇诗都谱上曲了吗？"

"不，还没写完，不过……"

"你以前是不是作了其他的曲子？"

"是的，我作了几首钢琴曲和小提琴曲。对了！还有在我们家的家庭音乐会所演奏的四重奏曲。"

修伯恩感到很惊讶，这个只有十三四岁的少年，居然能自己作曲，而且又那么地热衷，作品都很有水准。因此，修伯恩由衷地佩服舒伯特。

"随便演奏一曲让我听听吧！"

"现在不行，因为我的手在发抖。"

因为康维特学校的学生钢琴室冬天没有暖气设备，所以舒伯特冷得发抖。

"对不起，对不起，我没注意到。这所学校实在太吝啬了，食堂的伙食差劲，又有一大堆麻烦的规定。我居然能在这个地方忍受那么久。我想，除了音乐以外，这所学校的水准实在不能跟其他学校比。法兰兹，你在这里受到卢其茨卡先生的器重，但是仍然要继续不断地努力，才能成为一位大音乐家。"

修伯恩鼓励着法兰兹·舒伯特。

歌曲之王——舒伯特

但是，舒伯特对康维特学校却渐渐感到厌恶。这到底是什么原因呢？

1812年5月6日，舒伯特回到了久别的"黑驹馆"，他流着眼泪望着母亲的遗容。56岁的母亲患了伤寒，突然去世，15岁的法兰兹连母亲的最后一面都没有见到。

比母亲小7岁的父亲、大哥伊格那兹、二哥费迪南、三哥卡尔、妹妹德丽莎、法兰兹及亲戚和教会的霍尔策先生、学长修伯恩等朋友，都聚集在这个悲伤的家中。霍尔策先生望着法兰兹，对老舒伯特先生说：

"怎么样？舒伯特先生。这个时候应该可以原谅法兰兹了吧？"

站在一旁的大哥伊格那兹也说：

"是的，爸爸，你平时不让法兰兹回家，我觉得有些不对。这次，他连妈妈的最后一面都没见到，你应该原谅他了。"

法兰兹的二哥、三哥和妹妹，也一同要求他们的父亲一定要原谅法兰兹。父亲终于说：

"都是我不好！我处罚得太重了……法兰兹，从此以后，你可以像过去一样，每个星期天都回家来。我们大家要一起演奏你的作品，这样，你去世的母亲也一定会高兴的。"

※ 奥地利乡村美景

"谢谢爸爸！"

法兰兹含着眼泪说完这句话后，又忍不住哭着把身体伏在母亲的遗体上。看到这个情景，大家都流下泪来。

法兰兹为什么有一段时间被父亲禁止回家呢？这是因为，两年来，法兰兹因过分热衷音乐而忽略了其他的功课，而且数学成绩不及格。父亲为了这件事非常生气，不准法兰兹回家。所以，法兰兹就连星期天都有家不能归。

但是，母亲去世之后，父亲就原谅了法兰兹。从此以后，法兰兹能和过去一样，每逢星期天就回家一趟。然后，由父亲拉奏大提琴，大哥和二哥拉小提琴，法兰兹自己负责中提琴的部分，一家人愉快地举行家庭四重奏。这是以前法兰兹还小的时候父亲就曾有过的梦想，现在终于实现了。比法兰兹大一岁的三哥卡尔，每到家庭演奏会时，就和过去一样，做一名忠实的听众。但卡尔在绘画方面的表现愈来愈出色，将来很有希望成为一名画家。

这一年，除了母亲去世以外，15岁的法兰兹也在其他方面体验到人生的无常。那就是在他这次成绩单的备注栏中，出现了"变声"两个字。从11岁入学以来，一直担任童声高音的法兰兹，终于也到了任何孩子都会经历的变声时期。

就读于康维特学校的少年，除非学业成绩优良，不然，一旦变了声，就必须离开学校。因为法兰兹的数学不及格，所以不能继续留在康维特学校。这也是他的父亲生气的最大原因。

他的父亲这么生气，也是难怪。因为大家都知道舒伯特的家庭非常贫困。

"你有没有办手续申请继续留校和申请奖学金？"

修伯恩又出现在康维特学校的钢琴室中。这个比法兰兹年长的朋

知识链接

奏鸣曲是一种乐器音乐的写作方式，此词汇源自拉丁文的sonare，即发出声响。在古典音乐史上，此种曲式随着各个乐派的风格不同有不同发展。奏鸣曲的曲式从古典乐派时期开始逐步完善。19世纪初，给各类乐器演奏的奏鸣曲大量出现，奏鸣曲俨然成为西方古典音乐的主要表现方式。到了20世纪，作曲家依然在创作给乐器演奏的奏鸣曲，但相较于古典乐派以及浪漫乐派的奏鸣曲，20世纪的奏鸣曲在曲式方面已有了不同的面貌。

歌曲之王——舒伯特

友，对于法兰兹的作曲前途抱着很大的期望。

"我们家生活困苦，我爸爸和哥哥都希望我继续留校。所以，我已经申请继续在学；但是我自己不太愿意。"

这个时候是1812年的9月底，法兰兹已经接到了学校的退学通知。

"对了，我想起来了。今天我买了这些东西来，你不要客气，拿去用吧！"

修伯恩把一束五线谱纸交给舒伯特。

"谢谢！这些对我实在有很大的帮助。虽然我一点都不敢浪费，但是，你看看……"

舒伯特从钢琴上和谱架上拿了几张五线谱纸给修伯恩看，每张纸上都写得密密麻麻，而且在钢琴上到处都可见到这种纸。

"为了感谢你，我为你演奏一曲吧！这首曲子是最近才完成的。"

舒伯特说完，就开始弹奏一首莫扎特形式的奏鸣曲。

"手指又开始要发抖了。"

"那么，你怎么能作曲呢？"

"没有问题，即使不靠钢琴，我也能听到音乐……啊！对不起，我又要作曲了。"

舒伯特又立刻拿起笔，在谱架上的五线谱上写下了音符。这是一首歌曲，舒伯特在事先可能已经暗记下歌词了。他一面轻声地哼着，一面迅速地在纸上写下旋律。他好像迫不及待地要把自内心涌出来的灵感，完全发挥在谱纸上。

修伯恩看到这种情形，内心非常佩服。他无意间看到钢琴上的一堆五线谱纸后面，放着德国诗人席勒的诗集。

作曲告一段落，舒伯特把笔放了下来，修伯恩便问舒伯特：

"你一定喜欢席勒的诗，现在的这首是什么诗呢？"

"是《小溪畔的年轻人》。虽然我很喜欢席勒的诗，但我不是只为他的诗谱曲，只要我喜欢，任何人的诗都可以谱曲。"

据说，舒伯特的一生中为席勒的诗谱曲达42首之多。除此以外，他也为许许多多诗人的诗谱过曲子。

"我现在才想起来，今天忘了买蜡烛来。不过，你晚上最好不要太劳累，这样对眼睛不好的。"

"谢谢你的忠告，又送我五线谱纸和蜡烛，我不知该怎么感谢你！我爸爸每个月只给我一点零用钱，他对于我将来想成为音乐家的事，好像有点不满。"

舒伯特露出了忧愁的表情。修伯恩可能是不希望这个年轻的朋友

※ 小提琴

为了几张五线谱纸而担忧，便说：

"你要振作点，改天再见吧！"

说完就走出房间。

虽然舒伯特的父亲和大哥都希望他继续留在康维特学校，但是舒伯特本人对于继续留在宿舍内过无味的日子，以及要学习音乐以外的科目，愈来愈感到厌烦。本来他应该发奋准备补考数学，但由于他对于作曲的兴趣太浓，所以心里一直思考着音乐方面的事。

有一天晚上，舒伯特在寝室内写信，信中的内容大致是：

"……有时候，我很想吃好的面包或苹果，你可能也有过这种经验。特别是在吃了不好吃的午餐，而还要再过八个半小时才能吃得到简单的晚餐时，更是会产生这种欲望。父亲寄来的几个格勒登，没几天就花光了。以后的日子不知该怎么度过，你能不能每月给我寄几个克吕札来？"

这是1812年11月24日，法兰兹写给二哥费迪南的信。虽然是在19世纪，但每个月只有几个格勒登的零用钱，生活也一定相当艰苦。而克吕札也只是零钱，3克吕札才等于1格勒登。

在学校里，法兰兹·舒伯特早就被获准不必参加小提琴课和钢琴

歌曲之王——舒伯特

课。当然,这是因为他具有卓越的才能,卢其茨卡先生才特别准许他免修。第二年1月底时,16岁的法兰兹又从卢其茨卡先生那儿知道了一桩意外的事。

"我已经没有什么东西可以教给你了,以后,你还是到萨里埃利先生那儿学习比较好,我先帮你申请特别外出的许可。"

卢其茨卡先生所说的话,和以前教会的霍尔策先生对法兰兹说过的话相似。事实上,温哲尔·卢其茨卡先生早就对他的朋友说过:"那孩子有神在教他,我已经没办法再教他了。"

"什么?我要直接跟萨里埃利先生学习?"

16岁的舒伯特因为太高兴,几乎不相信自己的耳朵。对于他来说,要直接向那位入学考试时的主任委员,也就是当年大音乐家莫扎特生前的强劲对手,并且担任宫廷指挥的萨里埃利先生学习,实在是一件令他意外的事。

那么,舒伯特想从这位鼎鼎大名的音乐家那儿学些什么呢?当然是作曲了!

萨里埃利先生的府邸在维也纳市中心的赛拉小巷,是一座靠近皇帝所住的地方的宏伟建筑物。

舒伯特第一次访问萨里埃利的府邸时,心跳得很厉害。在这幢房子里面,有两架钢琴和各种乐器,以及放乐谱的柜子,另外还有很多豪华、漂亮的房间。舒伯特在屋内

※ 维也纳自然历史博物馆

等了一会儿后，萨里埃利先生走出来，用意大利语对他说：

"你好，舒伯特。"

舒伯特早知道萨里埃利先生是意大利人，平时不讲德语，但可能是当时他心情慌乱，所以被这句话吓了一跳。在康维特学校时，舒伯特学过意大利语和法语，因此，他用生硬的意大利语说：

"能直接向先生学习，实在很荣幸。"

因为舒伯特不习惯讲意大利语，而且非常紧张，所以感到全身僵硬。

"你的意大利语不行，但只要音乐方面好的话，就可以了。"

萨里埃利先生用不流利的德语笑着说。舒伯特虽然红着脸，但总算稍微放了心。

多年来，安东尼·萨里埃利住在维也纳，服务于奥地利宫廷。他的德语不好是出了名的，而舒伯特又不太会讲意大利语。所以很多意大利文的乐曲都必须翻译成德文。

萨里埃利先生在听了舒伯特的期望后，说道：

"不！现在不能马上开始学习对位法。先要了解以前的意大利名作，这才是最重要的。德国最伟大的歌剧作曲家葛路克，就是因为曾经用心地学习意大利的音乐，才能那么成功，知道吗？那么，你先研究这个吧！下次见面前，要先做好和声的分析。"

萨里埃利先生说完后，就交给舒伯特一首他从来没听过名字的意大利作曲家的老作品。舒伯特虽然有些失望，但他在从萨里埃利家返回康维特学校的途中，仍然很庆幸自己能够顺利地成为萨里埃利先生的学生。他下定决心，将来一定要成为一个大作曲家。

1813年，舒伯特的父亲再娶。舒伯特兄弟们的继母安娜，是一个才30岁的年轻女人。与她的丈夫比

知识链接

葛路克（1714—1787），德国作曲家。1714年7月2日出生于德国南部巴伐利亚州位于德国和捷克交界处的艾拉斯巴赫，1787年11月15日逝于奥地利维也纳，终年73岁。葛路克是当时集意大利、法国和德奥音乐风格特点于一身的绝无仅有的作曲家。他的作品以质朴、典雅、庄重而著称。葛路克的歌剧改革，对法国、意大利、奥地利、瑞典、英国音乐戏剧的发展产生了显著影响，是歌剧发展史上的一个里程碑。

较起来,她的年龄反倒和继子伊格那兹的年龄比较接近。安娜是出生于维也纳的人,性情非常开明。所以,有了她,舒伯特家原有的哀愁消失了,又恢复了以前的热闹。父亲开绢工厂的安娜,并不是位阴险的继母,而是一位豁达的女人。后来,她为舒伯特家又生了5个孩子。

9月27日是父亲的生日,舒伯特写了一首由吉他伴奏的男声三重唱曲。这首歌的歌词,也是他本人所写。这天,舒伯特担任吉他伴奏,与哥哥们一同唱着:

"在这个庆祝日,竖琴,你应该好好弹奏!

"祝我们的父亲舒伯特长寿!

"希望父亲的幸福,能够久长!"

听了这样的三重唱时,50岁的父亲和继母安娜高兴得简直不知如何是好!

虽然在家里又重新获得了快乐,但是在学校里,舒伯特对于音乐以外的事愈来愈不感兴趣了。很久以前就向学校申请继续留校的事,直到最近才附带着条件获准。但最后舒伯特还是自愿离开了康维特学校,告别了生活了五年的宿舍,回到家中。

为什么要自动退学呢?

连舒伯特最亲密的朋友修伯恩都不明白其中的原因。修伯恩曾向某一位朋友说:

"准许继续留校的条件,就是先要补考数学,数学及格之后,才能留在学校。法兰兹可能是不能忍受这件事。因为考完数学后,他就一直没有再念数学。所以,即使补考,也不可能拿到高分。而且法兰兹早就说过,宿舍好像是监狱。再说,他现在已经是萨里埃利的学生,所以也用不着再留在康维特学校了。主要的原因,绝不会是校长对他有偏见,因为校长为了这件事也作了相当的努力。法兰兹本人也很感激校长的好意。12月28日校长的生日时,法兰兹还为他写了一首交响曲。"

舒伯特才16岁就能谱出他的第一首交响曲,但是,后人始终不明白,他为什么会离开康维特学校。那个时代的社会,居然没有办法顾及一个16岁的天才少年。因为正好在那个时候,也就是拿破仑远征俄国莫斯科失败,英国又联合欧洲各国进军法国,大败法军于莱比锡,欧洲的局势再度陷入纷乱之中。

父亲对已经回到家中的舒伯特说:"虽然拿破仑失败了,但社会并不一定能恢复平静。现在德国的西部,联军还继续和法国军队打仗。所以每一个国家对于征兵,都

※ 维也纳市中心

愈来愈迫切了。"

"法兰兹，你是1月出生的，过了年就满17岁了。根据奥地利的新法律，男孩子年满17岁就必须当兵，一直到30岁为止。这件事你应该知道的。"

聪明的舒伯特不等父亲说完，就立刻明白了他的意思。

"那么，我也要像爸爸一样，当学校的老师。"

因为当时的奥地利政府缺乏教员，所以，若是当了学校的老师，就可以不必当兵。

"法兰兹，你还没有当老师的资格。不过，最近圣安那师范学校要举办师资培养的讲习，你去参加考试如何？"

"好，就这么办吧！我已经离开了康维特学校，可以到任何能够继续学习的地方。"

舒伯特立刻答应父亲前去参加圣安那师范学校的旁听生考试，后来，他考试及格，成了师范学校的旁听生。这对于不久前还住在康维特学校宿舍内的舒伯特来说，实在是一个令人不敢相信的大变迁。连修伯恩也惊讶地说：

"什么？你一面上师范学校，一面在家实习，开始教学生了？……真想不到！"

因为自己家就在小学，所以舒伯特可以就地实习。其实这个师资培养的讲习只有十个月左右，所以舒伯特才对这件事比较感兴趣。

泉涌般的音乐

情侣

父亲、哥哥、继母安娜和妹妹德丽莎等一家人，以法兰兹为中心，围坐在晚餐的餐桌边，非常热闹。

"哈哈！宗教的等级是'丙'，这样的人怎么能作弥撒曲呢？"

哥哥卡尔取笑着法兰兹，大家也都跟着大笑说：

"那么，再为'丙'先生干一杯吧！"

于是，全家人都举起了酒杯。连13岁的妹妹德丽莎也拿起了好像玩具一样的小葡萄酒杯，碰了一下法兰兹的啤酒杯说：

"法兰兹哥哥，恭喜你。"

在黑驹小学内的舒伯特家，这一晚到底是为了什么事而庆祝呢？

原来是17岁的法兰兹顺利地结束了圣安那师范学校的师资培养讲习班的学习，取得了助理教员的资格。在他的结业成绩中，有一半的科目得到"甲等"，其他科目（包括法兰兹所不喜欢的数学）得到"乙等"，但不知道为什么，只有宗教一科拿到"丙等"。

"别那么说嘛！其实宗教也包括了两个科目，其中一科是乙等。"法兰兹难为情地苦笑着。

事实上，在成绩单上，两个宗教科目中，"理论"一科是乙等，只有"实际知识"那一科才是丙

图说名人

名人名言

一个不懂得音乐的人，是很难快乐起来的。
——舒伯特

等。圣安那师范学校是一所相当严格的学校,所以,比较起来,法兰兹的成绩仍算是非常优秀的。

"现在你已经是一名正式的公务员了。因为你取得了国家正式助理教员的资格,服务的地方也已经确定。"1814年的8月中旬的某一天,法兰兹的父亲说。

"不过,我对我们学校里的调皮学生,实在很头痛。再说,薪水又少。"

法兰兹露出了忧郁的表情。前一阵子在自己家的黑驹小学实习的法兰兹,从秋季开始,要正式在父亲的这所小学服务。而且薪水也已经决定为每月仅三格勒登。同时,由于学生们都是附近穷人家的子弟,水准比较低,个个都是调皮捣蛋的小孩。

"法兰兹,不要这么说,你爸爸和哥哥还不是长久以来一直忍耐着。现在,你已经是一个正式的教员,可以在社会上独立了。所以,你迟早要娶个太太,你是不是已经有女朋友了?"继母安娜巧妙地转变了话题。年轻的法兰兹在实习教学时,常为了顽皮学童的恶作剧而伤脑筋。虽然这样,他对于指导学童和检查习题,都非常有耐心和爱心。这种情形,继母安娜是很清楚的。平常在家里,一旦气氛稍微不好,这位明理的继母就会立刻把这种沉闷的气氛化解开。

现在,法兰兹被母亲问到有关女朋友的事,不禁脸红了起来。这时候,窗外突然吹进一阵风,把法兰兹身边的一根蜡烛吹熄了。

过去使用的油灯,虽然味道有点臭,但比较不怕风吹。有一段时期,使用亚麻油和猪油混合的油灯被认为很方便,但是,由于味道太烈,后来就专门用来作为路灯。当时维也纳对外自夸共有四千盏路灯,但在舒伯特家所在的郊区,路灯比较少,所以较为黑暗。

"法兰兹,真巧!蜡烛熄灭了。"二哥费迪南用"冂"形的木板围着新式的烛台点火,他取笑法

知识链接

弥撒曲是天主教弥撒祭曲活动演唱的歌曲,是宗教音乐中一种重要的体裁。弥撒曲的歌唱部分由唱诗班担任,曲调最初用节奏自由的单声素歌、莫萨拉布圣咏等各种欧洲古代宗教歌曲及与此类似的世俗歌曲。语言部分由神职人员用特殊的"平音调"朗诵。记谱沿用中世纪使用的四线纽姆谱。

歌曲之王——舒伯特

兰兹道:"你看,还红着脸。"

"是因为喝了啤酒。"法兰兹好像有些生气地说。

幸好,这时父亲说:"你的弥撒曲作好了没?我已经很久没看到霍尔策先生,前几天碰到他,他问我你现在的情况。"

"上个月就写好了。虽然我没有宗教上的'实际知识',但也可以写弥撒曲。"

"天才的法兰兹万岁!"大哥伊格那兹喝醉了,他高兴地把啤酒杯举得高高地呼喊着,席间再度有了一种庆祝会般的热闹气氛。

两个月后的10月16日,维也纳北郊的里希登塔尔教堂盛况空前。这一天,教堂里座无虚席,还有很多人站在后面。这是因为教堂在这天特别举行创立100周年的弥撒大典。

但是,这种盛况并不只是因为这件事,还因为从这个教堂出身的法兰兹·舒伯特,年仅17岁就写成的"弥撒曲F大调",将在这天

※ 美泉宫广场的音乐家雕像

演奏。所以，教区内的人们和康维特学校、圣安那师范学校中的朋友们，以及远近地方的许多人都赶到这座教堂来。

在即将演奏之前，听众中间有一位第一次看到舒伯特的人惊讶地说：

"什么！那人就是作曲家兼指挥？实在是太年轻了！"

这时，在舒伯特的指挥下，这首曲子由第一段的"怜悯我"开始。因为这是一首弥撒曲，所以以下必须按照顺序，又分为"荣光""我相信"等各段。曲子刚开始演奏，有些听众就感叹地说：

"真是太棒了！"

在曲子中间告一段落时，神父必须朗读使徒书简。有很多人不顾神父的朗读，轻声地赞美乐曲的美妙。

"真是一首非常好的曲子。令人感到新鲜、有朝气而有感情。"

"对！实在不错！今天霍尔策先生也在他学生的总指挥下，担任合唱指挥的工作，真是伟大！刚才的合唱，确实很棒，声音美妙而严肃。"

"管弦乐团也演奏得相当好，尤其是风琴弹得更棒。乐曲和演奏两方面都很好。"

"那个弹风琴的人，是舒伯特的二哥。女高音独唱也很不错！"

"对！我实在佩服那个女孩子，她的歌声就是所谓天使的歌声吧！不过，她长得不太好看。"

"嘘！……"这时，有人要他们停止谈话，这些正在谈话的男女们，突然静了下来。正如他们所说，这天，在舒伯特的总指挥下，霍尔策先生负责指挥合唱团，二哥费迪南弹奏风琴；此外，由一位歌声美妙的16岁少女德丽莎·葛洛布担任女高音的独唱。

在这份荣誉中，舒伯特本人似乎进入了忘我的境界。开始唱第一段"怜悯我"时，与舒伯特的妹妹同名的德丽莎，以美妙的声音使在场的听众都为之倾倒。而且，在唱第二段"荣光"时，德丽莎、乐团、合唱团和风琴配合，成功地表达出看见神的荣光时的欢喜和感动之情。对于这些，舒伯特都可以感受得到，但他内心仍祈求着："好！好！……到此为止很顺利……以后也能顺利进行……神啊！请帮助我！"

舒伯特好像在祷告一般，心里一直很紧张。等到福音书的朗读结束后，舒伯特又把手往下挥，于是再度开始演奏，把"我相信"的那一段音乐，美妙、高尚地表达出来。最后的一段"神的小羊"，也在成功的乐声中结束。

"什么？萨里埃利先生也来

歌曲之王——舒伯特

了？在哪里？"

弥撒结束之后，人们都大受感动。当大家正在夸奖作曲者和演奏时，被朋友们围住的舒伯特突然惊讶地如此叫着。这位维也纳音乐界的前辈，同时在宫廷中也有势力的萨里埃利老先生，为了他的年轻的新弟子的作曲，特地到这儿来，实在是出乎舒伯特的意料。

"你看！在那里！他正在和霍尔策先生讲话。"

舒伯特立刻走向萨里埃利先生的身边，深深地向他鞠躬致谢。萨里埃利老师和平常一样，用意大利语说："相当成功！舒伯特，我以有你这样的学生感到高兴。霍尔策先生，你也有同感吧！由于你正确的基础指导，他才会有这种成果。"

萨里埃利先生非常高兴，他平常很少像这样夸奖自己的学生，而且也从来没有对教会的合唱指挥者表示过敬意。因此，霍尔策先生听了，也非常高兴、谦虚地说：

"不！我没有什么功劳。还要特别拜托先生继续指导舒伯特。"他客气地向萨里埃利打了招呼。

"这么一来，十天以后，我们就可以放心地在帝室教会演奏这首弥撒曲了。卢其茨卡今天不能来，是一件遗憾的事；但是，我听

了'两人份'，保证一定不会有问题。虽然卢其茨卡先生曾暗中拜托我，但是若是让宫廷里的人听了差劲的音乐，那我就必须负责了。"

萨里埃利说话的口气，很有幽默感和人情味。但他又接着说：

"但是，霍尔策先生，宫廷里和这儿不同，不能让女孩子唱歌。今天唱女高音的女孩虽然唱得相当好，可惜在帝室教会内，必须由少年担任女高音独唱的部分。"

"萨里埃利先生，如果法兰兹的声音保持得像以前那么好，今天他就能唱自己所作的曲子……"

"不！当然不能这样！"萨里埃利打断了霍尔策的话，笑着问：

"舒伯特，现在你的声音变得怎么样了？"

"我也不太清楚，可能是男高音或男中音吧！"

舒伯特红着脸回答。从刚才开始，他就一直站在两个老师的旁边，默默地听他们交谈。现在舒伯特已不再是歌手了。但是，他的这首第一次公开演奏的作品，获得了十分的好评；而且十天之后，又要前往帝室教会演奏。所以，17岁的舒伯特内心感到无比的兴奋和骄傲。

弥撒结束后不久，舒伯特和他的三个朋友，一同在离教会不远的一个小酒店内喝啤酒。其中的两

个人是舒伯特在康维特学校时认识的朋友,也就是现任公务员但非常爱好文学的休达特拉,以及会演奏大提琴的歌手霍哲普菲尔;另外一个,就是诗人梅尔霍华,这个人是刚和舒伯特结交的新朋友。

"他为我的诗谱完曲后,突然到我那儿,告诉我曲子已作好了,确实让我大吃一惊。"

诗人梅尔霍华很愉快地讲述着几天前所发生的事。原来,在10月7日,舒伯特看到梅尔霍华一首叫作《湖畔》的诗,曾夸奖那是"一首好诗",于是就立刻为这首诗谱曲。然后,他亲自拿着这首曲子,去拜访梅尔霍华,并当场唱给这位诗人听。

"舒伯特就是这种人,他会突然产生灵感,而且灵感又马上会化成音乐,实在是个天才!"

公务员休达特拉和歌手霍哲普菲尔说的一点也不是客气话,因为他们两人与舒伯特的交情一直很不错。他们对于舒伯特今天初演的成功感到十分高兴,于是,立刻为舒

※ 维也纳国家歌剧院

伯特举起庆祝的酒杯。

　　大家可能觉得奇怪,除了老爹修伯恩之外,舒伯特怎么会突然有了这三位朋友。其实,舒伯特虽然个性内向,但有时候,他也能和朋友们愉快地相处。

　　"你看!刚才唱女高音的女孩在那里。"

　　诗人梅尔霍华,看到窗外的德丽莎。

　　"什么?"舒伯特立刻向窗外看,并伸直着身体一直注视着外面。

　　刚才在弥撒曲的演奏中,曾唱出美妙歌声的德丽莎·葛洛布,正和她的母亲沿着小酒店旁的马路走过来。

　　"喂!也敬德丽莎一杯吧!"

　　歌手霍哲普菲尔说完后,诗人便问他道:

　　"什么?你认识那女孩吗?"

　　"是的。她叫作德丽莎·葛洛布,今年16岁,她母亲是寡妇,开了一家绢布店。她哥哥是业余的大提琴好手。"公务员休达特拉从旁插嘴。

　　休达特拉和霍哲普菲尔两人,以前曾经到黑驹小学玩过,他们也经由家庭音乐会和教会,认识了舒伯特的邻居——葛洛布一家人。

　　他们正在谈论时,德丽莎·葛洛布已经走到酒店前面,休达特拉把头探出窗外,大声叫着:"德丽莎!"德丽莎听到有人叫她,吓了一跳。她母亲对休达特拉说:

　　"不行!年轻女孩怎么可以单独一个人到男人们的地方。现在,我们必须赶回家去。"

　　"不过,伯母,法兰兹在这里,让德丽莎发挥美妙歌喉的作曲家法兰兹也在这儿。"

　　听休达特拉这么一说,葛洛布太太想了一下后说:

　　"那么,德丽莎,你不要在这儿待太久。"然后,她对酒店内的舒伯特说:"法兰兹,待会儿你送德丽莎回家好吗?"

　　"是的,当然!"

　　随着舒伯特有点兴奋的声音之后,德丽莎害羞地走入酒店,并走近舒伯特等人的桌子旁。

　　于是,公务员、歌手、诗人——当然也包括作曲者在内——又再一次大大地夸奖德丽莎今天的表现。

　　当他们要德丽莎喝啤酒时,她说:"哦!……妈妈说,如果是葡萄酒,可以喝一点。"

　　"喂!服务生,拿葡萄酒来!"

　　舒伯特突然大声叫着,他的这种表现和平常不太一样,可能是见到德丽莎而感到特别高兴的缘故。

　　由于一位年轻女孩子的加入,这四个青年似乎愈说愈有劲了。

"德丽莎,你的音域相当宽广,你能唱到哪一个高音呢?"

歌手霍哲普菲尔突然问了这句话。于是,舒伯特代替德丽莎回答:"可以唱到D音,我早就知道了。"

"不要你多嘴!又没问你!"

这次是公务员休达特拉打断舒伯特的话,看起来,他好像很愉快,也有点醉了。

"德丽莎,你喜欢歌德吗?"诗人梅尔霍华用很亲切的口气问。

"是的!我非常喜欢。我觉得他是位伟大的人物。"

"真伟大!你也伟大,德丽莎。不过,舒伯特比较喜欢席勒。"

"没有这回事!你们都知道的,我已经开始看《浮士德》了。"舒伯特认真地抗议着。

"不行!对你来说,《浮士德》还是相当难。"

"什么?"舒伯特叫道。

休达特拉立刻说:"哎!音乐家,诗人,你们别吵,拿破仑已经被放逐到厄尔巴岛去了,现在世界已经和平了。欧洲和平万岁!维也纳会议万岁!"

于是,他们又举起酒杯。虽然他们互相骂对方是"俗货",但仍愉快地笑着举杯庆祝,德丽莎也举起了她的葡萄酒杯。在这么热闹的场面中,舒伯特说:

"德丽莎,你母亲可能会担心,该送你回家了。"

"是的,那么,我要先走了,谢谢大家。"

德丽莎和舒伯特先走出了酒店。三位还留在酒店的朋友中,今天刚认识德丽莎的诗人梅尔霍华说:

"她真是个好女孩,性情坦率、温柔,而且又很年轻。不过,这儿稍微差了一点……"他用手指着自己的脸。

"不要这么说,舒伯特根本不重视她的长相,而是被她的歌声迷住了。这不就好了嘛!"休达特拉接着说。

"对!没错!"霍哲普菲尔也表示同意。

所以,梅尔霍华就露出了尴尬的表情,并坦率地道歉:"哎呀!是我不对,对不起!"

16岁的德丽莎·葛洛布虽然歌声美妙、性情温柔,但是,因为小时候患过天花,所以脸上长了一些麻子。但对舒伯特而言,这些麻子看起来,好像是些可爱的小酒窝。现在,舒伯特和德丽莎走在回家的路上,他边走边对德丽莎说:"德丽莎,我觉得你很像葛瑞卿或者绿蒂。"

德丽莎听他这么说,红着脸

歌曲之王——舒伯特

说:"讨厌!法兰兹,你今天是不是酒喝得太多了?"

葛瑞卿是《浮士德》中的女主角,绿蒂是《少年维特之烦恼》中的女主角,这两本书都是歌德的名著。当时在欧洲,这本《少年维特之烦恼》大受欢迎,连拿破仑将军也在看了这本书的法文翻译本后大为赞叹。于是,书中的年轻而性情温柔的女主角绿蒂,就成了当时青年们的偶像。

虽然德丽莎嘴里说"讨厌",但她心里不但不生气,还感到高兴和难为情。她这种心情的表现,在喝了酒的舒伯特眼里,依旧是看得一清二楚的。

"德丽莎,我不准备永久当助理教员,现在我虽然很穷,但将来如果我作的曲子卖得出去,生活环境就会好转。对了!德丽莎,今天我爸爸非常高兴,弥撒结束后,他很爽快地答应我说:'法兰兹,我要买一架钢琴给你。'他一向很节省,这真是不简单!等到我自己的钢琴送来以后,我一定要更加努力,继续写出好曲子。"

"哎呀!法兰兹,真是太棒了!你要加油!我真高兴。我光是听到你说这些话,就非常高兴。"

德丽莎害羞地红着脸,过一会儿,好像流了一点眼泪。

他们两人用不着靠言语就能够了解对方的心意,他们已经开始沉浸在爱河中了。

"啊!哥哥在那里。"

德丽莎轻声地叫着,然后就突然地离开了舒伯特的身边。因为她看到她的哥哥韩利希站在路那边。韩利希在很早以前就加入了舒伯特的家庭演奏会,是一位钢琴、小提琴、大提琴都弹奏得很好的青年。

"喂!法兰兹,你好像很高兴的样子。今天演奏的弥撒曲,到处受到好评。"

"真是这样的话,也一定是沾了德丽莎女高音的光。"

"别这么说!你这么一夸奖,我妹妹会得意忘形的。"

"哥哥最坏了!"

德丽莎觉得很不好意思,便和她哥哥一同离去。舒伯特也回到自己的家。

三天后(10月19日)的下午,黑驹小学刚放学后不久,里面传出了节奏轻快的钢琴声。

"法兰兹又开始弹钢琴了。"

"他的新钢琴刚送到,他一定高兴得不得了!"

舒伯特的父亲和年轻的继母安娜,面对面微笑着。这时,17岁的舒伯特正在利用新钢琴作曲。他一面小声地唱着《浮士德》中葛瑞卿所写的诗，一面用右手仔细地弹着十六分音符，左手弹着顿音的节奏。他所弹出的节奏，令人感觉好像正在旋转的纺车。舒伯特把《浮士德》中年轻的小姑娘葛瑞卿一面纺织，一面想着爱人的心情，用歌曲表达出来：

"我内心的安慰消失了，我心沉重，我可能再也得不到安慰了。"

舒伯特一面唱着，一面弹钢琴，然后立刻把音符记在五线谱上。随后，又继续弹琴和唱着，一直反复这种情形。仿佛音乐女神缪思附在他的身上一般，过了一会儿，他的五线谱纸就写满了音符。

"哦！那亲吻！"

突然，右手不停弹着的纺车音乐，被一个强烈的和弦中断了。舒伯特一面唱着，一面把嘴巴嘬起做出接吻的姿势。然后，他又立刻把刚才唱出的部分，记在五线谱纸上。他的动作很快，迫不及待地把从他脑海中涌出的音乐写在五线谱上。又继续唱着：

"我内心的安慰……"但是，唱到这个地方时，舒伯特只说了一句"反复"，就继续唱下面的部分，同时仍继续弹奏下去。等到再度出现"我内心的安慰……"时，突然在一个D小调和弦的纺车声中停顿下来，因为这首曲子已经结束了。

这首名叫《纺织姑娘葛瑞卿》的歌，是讲述葛瑞卿因思念离她而去的爱人而心生苦恼，也就是把她的这种烦闷、无奈的心情表达出来的歌曲。这是一首成功地根据原诗的意思，以音乐表现出来的名曲。

舒伯特作完这首曲子后，再度对着钢琴轻声且带着感情地唱着："我内心的安慰……"同时，他也一面弹着钢琴。在他把曲子再次弹奏到结束前，他的手只有两三次离开键盘，在谱上稍作修改。

第一次写完之后，再度作修正，是舒伯特作曲时的习惯。

知识链接

《浮士德》是一部长达12111行的诗剧，第一部二十五场，不分幕。第二部分五幕，二十七场。全剧没有首尾连贯的情节，而是以浮士德思想的发展变化为线索。这部不朽的诗剧，以德国民间传说为题材，以文艺复兴以来的德国和欧洲社会为背景，描写出一个新兴资产阶级先进知识分子不满现实、竭力探索人生意义和社会理想的生活道路，是一部现实主义和浪漫主义结合得十分完美的诗剧。

"好,这样就可以了。"

舒伯特似乎很满意,他在乐谱的最上方写上了《纺织姑娘葛瑞卿》,然后署名"法兰兹·舒伯特"。他写一首曲子所花的时间,实在很短。

"德丽莎!德丽莎!……"

舒伯特轻声地呼唤着。他本来想在乐谱上写明这首曲子要献给"亲爱的德丽莎",但是,后来他并没有这么做。因为这首歌曲和诗都是在表达少女怀念失去的爱人的心情,所以他不敢把这首曲子题献给德丽莎·葛洛布。到了21世纪的今天仍然被视为杰作,非常有名的这首《纺织姑娘葛瑞卿》,是17岁的舒伯特只花了很短的时间就写出来的。这可能是因为当时他心中思念着德丽莎,所以才能这么快就完成吧!这时,舒伯特又好像叹息般地轻声叫着:

"德丽莎!德丽莎!……"

"怎么用这种怪声音叫我呢?"

这时,走进他房间的不是葛洛布家的德丽莎,而是舒伯特的妹妹——今年13岁的德丽莎。

德丽莎对着吃惊地转过头来看的舒伯特说:"喝茶的时间到了,大家正在等着你呢!"

"是吗?你没有敲门,怎么可以随便进来呢?真没礼貌!"

"哎呀!真讨厌!你难道忘了这扇门早就坏了吗?上次钢琴搬进来时……"

"对了!我想起来了。"

舒伯特突然站了起来,拿起擦钢琴的布走到钢琴旁边,以怜惜的表情看着钢琴上的刮痕,并轻轻地擦拭这个刮痕。

因为,新钢琴搬到这个房间时,乐器行的搬运工人不小心把钢琴晃动了一下,结果钢琴碰撞到门框,产生了刮痕。舒伯特一家人为此感到生气。由于这是乐器行的疏忽,所以,破例地扣减了一些售价。幸好,钢琴的内部没有受到影响。

"我帮你擦键吧!"

妹妹德丽莎用另一块布开始擦拭琴键。这架钢琴只有5个八度音程,60个琴键,比起现在的88键钢琴,可以说是相当小型的。但是,对于舒伯特一家人来说,这是一件花费相当大的贵重物品。所以,这架钢琴自然是一件令人兴奋而重视的宝贝。

"喂!要轻轻地擦。"

"什么话?你自己也是这样擦的。"

"好了!……算了!我们喝茶去吧。"

于是,舒伯特便和他妹妹一同走出房间。

野玫瑰

"**什**么？拿破仑逃出厄尔巴岛？"

"他已经逃到巴黎，听说这次轮到路易十八逃亡了。"

"维也纳会议从去年9月开始，已经开了半年，到底各国代表们在说些什么呢？这次的'德意志联邦'案，奥地利又成了联邦的主角。但是这种联邦究竟能维持多久呢？"

1815年的3月末，拿破仑逃离厄尔巴岛，使得战争的气氛愈来愈浓厚，欧洲的局势也呈现出动荡不安的状况。

幸好这一次战争乌云只弥漫于距离维也纳很远的比利时，因此维也纳市民仍处于升平安宁之中。

※ 曾流放拿破仑的厄尔巴岛

歌曲之王——舒伯特

"不想再看到炮弹了！"

"是的，那会使人想起炮弹落在康维特学校时所发出的巨响。"

舒伯特和修伯恩两人，互相谈论着以前维也纳受到攻击时的情形。当年12岁的少年法兰兹，如今已成了18岁的青年教师。而且，在舒伯特的朋友眼中，他已经是一位很出名的新晋作曲家了。

这年的秋天，黑驹小学开始另一个新学期时，舒伯特和过去一样，在自己负责的一年级班上说：

"门是这样开的，'开'这个字有及物、不及物的用法。及物的说法如'人开了门'，那么不及物的说法如'门……'应该怎么说呢？我再说一次，'人开了门'，那么，'门……'应该怎么说呢？有没有人知道？"

"我知道。"

"老师！""老师！"

有两三只小手有力地举起。

"克劳斯！"

舒伯特指名之后，学生克劳斯就站起来大声地说：

"门被开了。"

"什么？'门被开了'？……这种说法好像有点不妥，还有没有别的答案？"

过了一会儿，又有人举手叫着："老师！""老师！"

"菲力兹！"

"门开了。"

"对！对！这样说就对了！人开了门，所以门开了。刚才克劳斯说的门被开了是被动……"

舒伯特说到这里，想到对象是一年级的学童，所以改变了说明的方法：

"'开了'就是人开门的意思。那么，现在如果说'用人的手开门'，应该怎么回答？"

有几个学生又举起手来叫着："老师！""老师！"

"威尔罕姆！"

"门被打开了。"

"好！答得好！'开'的被动就是'被开'。这么回答就对了。"

舒伯特说明过后，不觉又想道：到底一年级的学生懂不懂什么叫"被动"呢？

负责教导低年级的助理教员舒伯特，深深感到教低年级学生的困难。

"现在，我要把你们昨天听写的诗发还给你们，自己要仔细看有什么错误。"

舒伯特把改好的答案发还学生们后，又说："你们知道这首《野玫瑰》的诗是谁作的？"

又有很多的小手有力地举起。

"这一次……格鲁克，你

※沃尔夫冈·莫扎特的雕塑,他同样是这个音乐国度的王者

说吧!"

"是歌德作的。"

"好!答得好!这是一首好诗,真不愧是大诗人歌德所作。这虽然是一首长诗,却是一则有趣的故事。字拼错的地方,老师已经用红笔改过了,你们要仔细地看,将来不要再写错了!你们看看桌上的玫瑰。这朵玫瑰是老师前天在郊外摘的,这个时候很难得看到这种野玫瑰,所以我才把它带回来。虽然现在已经开始凋谢……"

舒伯特手指着放在讲桌上的小花瓶内的红色野玫瑰,心里不由得想起前天下午与德丽莎·葛洛布一起在郊外散步的情景。他们之间已经开始互相谈到将来结婚的事了。

"老师!'像早晨般美丽'是什么意思呢?"

有一位学生突然发问,舒伯特心中虽有些慌乱,但脑海中又浮出了德丽莎的纯朴和年轻,便说:

"因为早晨的空气新鲜,使人感到清爽,这种新鲜和清爽,就是所谓的早晨的美丽。这纯粹是一种感觉,不太容易说明。"

舒伯特感到自己出了点冷汗,于是,他立刻改变了话题:

"如果我们愉快地出声念这首诗,自然就会变成一首歌。昨天,老师念这首诗让你们听写时,想到了配合这首诗的音乐。就是这首曲子——"

于是,舒伯特就开始写出"3 3 3 3 | 5 4 4 3 2 — | ……"的简谱。因为,这间教室不是音乐教室,黑板上没有五线谱,所以,只好用数字代表音符。原曲是四二拍,但为了使儿童们容易了解,舒伯特就暂时改写成四四拍。舒伯特一面写着,也一面轻声地唱着:

"少年看见红玫瑰……"

这就是家喻户晓的《野玫瑰》的歌词。这首歌的歌词,现在已翻译成各国的文字。

歌德所写的原诗共分三节,大致的意思如下:

男孩在原野上发现了玫瑰,玫瑰开得很娇嫩,像早晨般美丽。男孩想

歌曲之王——舒伯特

> **知识链接**
>
> 音乐节拍是指强拍和弱拍的组合规律，具体是指在乐谱中每一小节的音符总长度，常见的是2/4、3/4、4/4、6/8拍，每小节的长度是固定的。一首乐曲的节拍是作曲时就固定的，不会改变。一首乐曲可以是由若干种节拍相结合组成的。

靠前看，所以跑了过去，非常愉快地看着红色的野玫瑰。

男孩说："野玫瑰，我要把你摘下。"野玫瑰说："我将刺痛你，使你永久不能忘记。不要把我摘下。"

有一个粗野的男孩，把野玫瑰摘了下来。玫瑰把他刺痛了。玫瑰悲伤、叹息也没有用，它必须忍受摧残。

这首有民谣风味的诗，虽然用词简单，但含意相当深远。

舒伯特在黑板上写完了简谱后，就在简谱的下端，填上了歌词。当他再次唱时，教室里的学生们也跟着老师的声音，大家一同唱了起来。悠扬的歌声在教室内回荡着。

下课的铃声响了。负责摇铃的大哥伊格那兹，到楼梯下的教室门外走廊，用力地摇着一个带了柄的大铃，这是黑驹小学的一贯做法。当时没有电铃，也没有携带挂表的老师，所以伊格那兹只好随身带着一座时钟。

"法兰兹，刚才的歌声到底是怎么回事？——并不是上音乐课呀！"

校长先生在教员休息室中生气地问着舒伯特。

"因为是上国语课（德语），在练习动词的用法时，把歌德的《野玫瑰》当作教材。"18岁的法兰兹老师有些不好意思地为自己辩白，但心里却想："糟糕！"但是，他又想起了像克劳斯、菲力兹、威尔罕姆、格鲁克及其他很多平时很顽皮的学生，一同愉快地唱着《野玫瑰》的情形，他不由得从内心发出微笑。所以，他觉得使用这种教法也不错。这时，他听到有人说：

"校长先生，法兰兹是……"

舒伯特的身上经常充满了音乐，所以，只要是他认为的好诗，会立刻成为音乐。就好像画家看到一首好诗，就会立刻把它想象成一幅画一样。

"像《野玫瑰》那种有民谣风味的诗，原来就应该是让人朗诵并唱出声来的歌。刚才我在他的隔壁教室教算术，所以我可以清楚地听

※ 舒伯特故居

到《野玫瑰》的旋律，确实很好！我很羡慕法兰兹，像他这种教学法，我觉得一定会收到相当好的效果。因此……"

"但是，那是上国语课的时间，不是上音乐课！"

校长先生仍然露出不满的表情，并打断了帮他儿子说话的教员麦耶所说的话。事实上，从去年开始，法兰兹·舒伯特作曲的欲望，就如泉水般不断地涌出。

当然，舒伯特不只是谱出歌谣般的歌曲，他还写了弦乐四重奏曲、钢琴奏鸣曲、歌剧、弥撒曲等，以及各种器乐曲和声乐曲。像他那种身材矮小的人，居然能有如此丰富的音乐才能，他的朋友没有一个不感到惊讶的。

由于法兰兹·舒伯特是这么一个人，所以不光是在上德语课时会发生这种事，连上算术课时也是如此。当他向学生们说到"6加8等于多少"时，也会不知不觉地用手指轻轻地敲打着桌子的一侧，拍打出八六拍的音乐节奏。这种情形，在他的课堂并不稀罕。

校长先生虽然嘴里表示不满，但内心却对法兰兹的才能感到十分得意。法兰兹也由于在学校里有人为他说话，觉得很欣慰，虽然他最亲密的一些朋友并不在学校里。

有一天，舒伯特背着乐谱袋，在努斯多福街上朝南快步地走着。

歌曲之王——舒伯特

"法兰兹,你要赶到什么地方去?"

从市场购物回来的德丽莎·葛洛布问道。

"哎呀!对不起!我现在要到萨里埃利先生那里去。"

"对了!你今天要上萨里埃利先生的课,上的课一定很有趣吧?"

"说真的,不太有趣。分析意大利的老乐曲,实在令人厌烦。不过,最近已开始研究葛路克了。"

"比起罗德、马提尼(意大利作曲家)或者葛路克,我还是比较喜欢你的曲子。像《渔夫》《海的静寂》等,我都喜欢;尤其是《流浪者的夜歌》更棒!"

德丽莎所说的这些曲子,都是舒伯特1815年内的作品,歌词都是采自歌德的诗。

"我愈来愈喜欢歌德了,我认为他才是真正伟大的诗人。德丽莎,多亏了你!"

"你怎么这么说呢?"

德丽莎和舒伯特两人似乎都有

※ 沉浸在大自然中的歌德

些不好意思,他们用充满了爱意的眼神互相凝视着对方。

"对不起!现在我要赶去上课了,迟到的话,老师会不高兴的。"

"哎呀!对不起!我忘了!我也要把这个提回家。"德丽莎把购物的篮子提了起来,接着又说,"我要是晚回去,会被妈妈骂的。现在我的烹饪技艺已经有相当大的进步,以后会让你每天赞不绝口的。"

德丽莎说完后,红着脸跑开了。舒伯特面带微笑地注视着她的背影,愣了一会儿,这才好像突然醒过来一般,掉头赶往萨里埃利先生的府邸去了。

在萨里埃利先生的府邸,舒伯特仍然和过去一样,还没有向他学习对位法。这一天,课程要上的内容是葛路克的歌剧研究。虽然舒伯特很尊敬这位老师,但他总觉得不能满足。上完课后,舒伯特带着有些不满的表情,从萨里埃利先生的府邸中走了出来。然后,他就直接前往附近维兹普陵街小巷中的一幢房子内。这就是诗人梅尔霍华所租住的房间。

"什么?《野玫瑰》?又是歌德的诗!你最近根本不要我的诗!"

"没有这回事。我最近不是也作了《里阿尼》吗?而且也和你一同唱过。在这首歌之前,不也作了《眼睛之歌》吗?歌德固然不错,但你的诗也不错!"

"好了!贝多芬不错,你也不错!……今年你光是歌曲就作了不少吧?好几十首了?"

"不,可能已经超过100首了,我自己也不太清楚。"

"你这家伙真吓人!"

梅尔霍华大为吃惊,他接着

知识链接

歌剧(opera)是将音乐(声乐与器乐)、戏剧(剧本与表演)、文学(诗歌)、舞蹈(民间舞与芭蕾)、舞台美术等融为一体的综合性艺术,通常由咏叹调、宣叙调、重唱、合唱、序曲、间奏曲、舞蹈场面等组成(有时也用说白和朗诵)。早在古希腊的戏剧中,就有合唱队的伴唱,有些朗诵甚至也以歌唱的形式出现;中世纪以宗教故事为题材,宣扬宗教观点的神迹剧等亦香火缭绕,持续不断。但真正称得上"音乐的戏剧"的近代西洋歌剧,却是16世纪末17世纪初,随着文艺复兴时期音乐文化的世俗化应运而生。

说:"另外,你还写了第二和第三交响曲和两首弥撒曲。对了!你也把我的歌剧脚本谱了曲,还作了钢琴奏鸣曲如弦乐四重奏……写了这么多,真是了不起!"

事实上,舒伯特18岁这一年,光是歌曲就写了144首,并作了两首交响曲和其他各种作品。后世的人都认为他是得到神助,才能有此成就(事实上是他勤于思考,夜以继日地工作取得的丰硕成果)。在舒伯特的一生中,他18岁的这一年(1815年),是作品最多的一年。

"你这家伙,居然连没有上演的歌剧也一口气就写了两三部,我真佩服你!……音乐和诗不同,你这样写下去,五线谱纸的费用一定相当可观。"

"还好!修伯恩老爹每隔一段日子,就会把这些五线谱纸给我。当然,有时候我也自己花钱买。但是,我每个月的薪水才三格勒登,实在没有能力买那么多的五线谱纸。"

"嗯!……修伯恩这个人确实慷慨,我真是欣赏他!老爹和我一样,也是生长在乡下的人,不过,他的家境比我好。我即使替人翻译诗和希腊、拉丁文的文学,生活费用还是不够。所以,我正在考虑当公务员;现在有一个审查官的缺位。"

"什么?诗人要当审查官?——禁止出售自己的作品吗?真让人笑破肚皮!"

"笨蛋!所以人家才会说,音乐家不懂得俗事。法兰兹,特别是你,现在还不到20岁,难怪会有这种想法……怎么样?要不要抽根烟?"

"不!现在不想抽……你能不能把窗户打开一下?房间里面全是烟味,真受不了!"

舒伯特几乎被呛住了。诗人梅尔霍华是个非常喜欢抽烟的人,在他这间天花板很低的房里,已经充满了烟味。梅尔霍华出生于北奥地利,年纪比修伯恩大一岁,比舒伯特大了十岁。但是,最近他和舒伯特之间的感情愈来愈深厚。舒伯特从萨里埃利先生那儿回家时,常会顺道前往这个里面只有租来的旧钢琴和小书橱,而且有点黑暗的房间。

"说正经的,今天要来借用你的脑筋,是为了将来的事。"

"哦!一定是和德丽莎结婚的事,我猜得没错吧!"

梅尔霍华一面打开窗子,一面转过头来看着舒伯特。舒伯特似乎有些心慌,他红着脸说:

"也包括这件事……"

"你怎么不快点说出来呢?是

※ 贝多芬蜡像

不是想和德丽莎结婚了？你和她都还太年轻，法兰兹，以你的收入还不能够养家糊口，对不对？"

"是的……不过，我不愿意继续在我父亲的学校服务了。"

舒伯特的脸色有些苍白，他露出了忧虑的表情，似乎心中有很多烦恼。他对这位诗人朋友梅尔霍华的灵敏反应感到很惊讶。同时，他也想起了几天前他的另一个好友——喜欢文学的公务员霍哲普菲尔寄给他的一封信。

自从开纺织工厂的父亲去世后，德丽莎一直与母亲和哥哥一同生活。但是，葛洛布的家境并不像舒伯特家那么穷困，这是两家不相配的原因之一。而且舒伯特的好友霍哲普菲尔凭他那公务员的常识和喜好文学的感觉，认为法兰兹·舒伯特如果和德丽莎·葛洛布结婚，可能妨碍舒伯特天赋的发展。所以，几天前他写了一封长信给舒伯特，劝他千万不要立刻结婚。

但是舒伯特深爱着德丽莎，所以他不想采纳好友霍哲普菲尔的忠告。今天，他来拜访诗人梅尔霍华，就是想来听听他的意见。但是，在他还没有说明来意之时，就被这位诗人朋友猜中他的心事，因此，个性内向的舒伯特，更是不敢多说了。

"法兰兹，你要结婚还太早！"

"不过，我父亲20岁，就和我母亲结婚了。"

18岁的法兰兹，面对着28岁的诗人梅尔霍华如此反驳。但诗人说：

"你的父亲和你不同，你是个天才。你看看歌德和贝多芬吧！他们结婚了吗？……天才是不会考虑到世俗的家庭幸福的，你还不到20岁，这么年轻的时候，千万不要做这种梦想。"

"修伯恩和我已经快30岁了，但是我们都还没有妻子。当然，爱情是很重要的，而且你喜欢德丽莎也没有错。但是，我不赞成你结婚，至少不赞成你现在立刻结婚……你要好好地考虑。"

梅尔霍华一本正经地说完这些话后，舒伯特一句话也没有回答，只是默默地低着头。

歌曲之王——舒伯特

1815一年,已经没剩下几个月了。有一天,修伯恩和诗人梅尔霍华两人突然到黑驹小学拜访舒伯特。当他们两人走近舒伯特房间时,很清晰地听到舒伯特如同嚎叫一般的声音:

"父亲!父亲!啊!终于快要抓到我了!魔王将使我非常痛苦!"

修伯恩和梅尔霍华听到这种悲痛的喊声时,先是吃了一惊,但他们两人立刻就明白,这是舒伯特以丰富的感情在朗诵诗篇。随后,舒伯特的声音又转为令人毛骨悚然的低沉语调:

"父亲发着抖,骑着马奔驰。他紧紧地抱着正在喘着气的儿子,好不容易到家时,才发现孩子已死在自己的怀中……"

舒伯特念完诗后,修伯恩和梅尔霍华一同走进他的房间。他们看见舒伯特手上拿着歌德的诗集,而且正处于非常沉醉的状态。

"《魔王》这首诗真是太棒了!很有恐怖感!

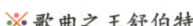

※ 歌曲之王舒伯特

其中有父亲的声音、魔王的声音、魔王女儿们的姿态……产生了各种声音。夜里发生的暴风雨，奔驰的马匹，最后孩子的死亡——这种内容太好了！"

"请你们稍等一下，我现在马上要开始作曲了。"

舒伯特急忙坐在钢琴前，用右手弹了一段三连音之后就说：

"不行！调子不对！……哎！不弹钢琴了！"

于是，舒伯特便不想利用钢琴谱曲。他开始在谱架上的五线谱纸上写下了三连音，同时，左手拿着翻开的诗集，一面小声地哼着，一面用右手很快地记下了音符。

修伯恩和梅尔霍华两人看了这种情形，都不由得大为赞叹。舒伯特的这架钢琴虽然是新的，但因为没有经过调音，所以他并不使用这架走音的钢琴来作曲。由于舒伯特在作曲时不用弹钢琴也能感觉得出声音，因此他以前在康维特学校作曲时就不太需要使用乐器。他对于诗的敏感和兴奋之情，随着他轻细的歌声直接跃然纸上。

年纪比他大的两个朋友，默默地看着他作曲时的神情。他们两人每隔一段时间就会互相凝望，赞许地点着头。这两个朋友，从头到尾一直保持沉默地看着舒伯特忙碌地作曲。由于他们不想打扰舒伯特的工作，所以连舒伯特的妹妹德丽莎端红茶进来时，他们也向她摇手，叫她过一会儿再端进来。

"锵！锵！"舒伯特偶尔也会突然把诗集放在钢琴上端，然后用左手弹着伴奏的和弦；而且，在这个时候，他的右手仍然继续在五线谱上写着音符。

《魔王》这首诗是共有八节的叙事诗——深夜里，父亲抱着孩子，在暴风雨中骑马赶回家。"孩子！你怎么这么害怕而把脸藏起来呢？""父亲！难道你没有看到魔王吗？"父子之间，恐怖地一问一答。父亲虽然看不到也听不到魔王

知识链接

《魔王》是舒伯特根据歌德的同名诗创作的，作于1815年。当时舒伯特只有18岁，这首叙事曲被编为作品第1号，是一首戏剧性、艺术性很强的叙事歌曲。全诗的故事情节：父亲怀抱发高烧的孩子在黑夜的森林里骑着马飞驰，森林中的魔王不断引诱孩子，孩子发出阵阵惊呼，最后终于在父亲怀抱中死去。歌曲采用通谱手法，一气呵成，气势宏大。

歌曲之王——舒伯特

※奥地利无处不显示着它是一个音乐王国

的影子和声音,但孩子却看得很清楚。后来,由于孩子愈来愈害怕,父亲拼命地安慰他,父亲自己也边说边感到害怕。

最后,孩子被父亲的眼睛所看不到的魔王的手抓住了,孩子拼命地搂住父亲,父亲也恐惧地抱着孩子,马不停蹄地赶路。但当他们终于回到家时,才发现"我的孩子已经死在我怀里了……"——在此结束了这首恐怖的诗。

"已经死了。"——G小调的和弦随着最后的一句话铿锵地弹奏出来。于是,舒伯特高兴地叫道:

"完成了,完成了!——修伯恩,让你久等了,现在要不要和我一起去康维特学校?梅尔霍华,你也一定要一起去。康维特学校有很多钢琴,我家的钢琴不行了!这首《魔王》一定要配合钢琴伴奏,让你们听听,我自己认为写得很好。"

舒伯特兴奋地站了起来,修伯恩和梅尔霍华不约而同地对看了一眼,便说:

"好吧!我们走吧!"

于是,他们三人就立刻前往康维特学校。

他们到了康维特学校后,马上赶往钢琴室。这时恰巧有一位少年由钢琴室中走出来,修伯恩看到他便说:

"哎呀!蓝特哈廷加!真巧!你来唱这首曲子,这是你的学长舒伯特的大杰作,而且,是刚刚才写成的。"

老爹修伯恩仍和过去一样,常在康维特学校出入,所以,他认识很多住在宿舍里的学生。14岁的少年歌手蓝特哈廷加就是他所认识的学生之一，这位少年是很优秀的学生。修伯恩又说：

"你一定认识舒伯特学长吧！这一位是诗人梅尔霍华。"

舒伯特见到这位少年歌手后，不禁回想起自己的学生时代。蓝特哈廷加很客气地向他们寒暄：

"舒伯特学长的曲子，前年曾经在帝室教会的弥撒中演唱过，是一首非常好的曲子。我到现在还记得……而且，我也记得你的面貌，你戴一副眼镜……"

舒伯特听他这么说，便对他说：

"啊！你就是那次弥撒曲演出时唱女高音的人。现在都长得那么大了，差一点认不出你来。现在你的声音怎么样了？"

"我还没有变声。"

这个少年有些害羞地回答了舒伯特的问话。这使得舒伯特想起前年弥撒曲在里希登塔尔教会内首演时，德丽莎·葛洛布的美妙歌声。这时，修伯恩说：

"对了！法兰兹，这首曲子一定要请卢其茨卡先生来听听……蓝特哈廷加，我先把这份乐谱交给你，你先看一看。我们要去请卢其茨卡先生来。"

修伯恩说完后，便和舒伯特、梅尔霍华一同前往卢其茨卡的房间。

不久，卢其茨卡先生便来到钢琴室中的钢琴旁边。他先哼着这首曲子的旋律，然后用手在钢琴上试弹。

"相当好！而且很有独创性……是一首很有个性的曲子。"

修伯恩在旁听了卢其茨卡先生的话之后，便轻声地对作曲者舒伯特说："现在他所弹的地方好像音不协和。"

诗人梅尔霍华也不愧是个爱好音乐的人，他说："我也觉得那地方确实有点怪怪的。"

卢其茨卡先生弹到那地方时，也说："奇怪！"

然后，他把脸凑近乐谱，口里唱着："父亲！父亲！……"并重新弹奏那个"怪怪的"地方。

"降E、降F、降G……还是音不协和！……舒伯特，这个地方是这样吗？"

"是的，没有错。"舒伯特回答。

"真是阴沟里翻了船！"梅尔霍华不客气地轻声说了一句。

"这个地方还是要用音不协和，才会产生伟大的效果和感受。"卢其茨卡重新把这个不协和音的地方弹奏了三次之后，就转过头去，以好像训诫的口吻对诗人梅

尔霍华说了这句话。由于梅尔霍华并不太认识卢其茨卡先生，所以，感到有些不好意思地沉默了下来。后来，卢其茨卡快到弹完这首曲子时，又说：

"请蓝特哈廷加从这里开始唱吧，钢琴伴奏还是由你这个作曲者亲自担任。"

舒伯特听卢其茨卡这么说，便坐到钢琴前面。舒伯特开始弹三连音时，站在他旁边的14岁的少年歌手蓝特哈廷加便开始唱："黑暗的夜晚……"

开始时，是描述暴风雨的恐怖夜晚，父亲抱着孩子骑在马上奔驰的情景。后来，孩子感到不安，父亲安慰孩子。最后，孩子被魔王和他的女儿们引诱，并被魔王的手抓住，孩子便大叫着："父亲！父亲！"此处钢琴所弹出的不谐和音，令人感到恐怖。最后，父亲虽然快马加鞭地赶回家，但孩子已经死了。"锵！锵！"全曲在两个和弦中结束。这时候，卢其茨卡先生、修伯恩、梅尔霍华和担任独唱的少年歌手蓝特哈廷加，都对着作曲者舒伯特拍手叫好。

舒伯特站起来答礼，并对康维特学校的少年歌手蓝特哈廷加说："唱得很好！谢谢！"然后与他握手。这时，卢其茨卡先生也从他的座位走过来感动地说：

"舒伯特，你真是太棒了！这首《魔王》是杰作！听了这首曲子后，将来可能不会有任何音乐家再为歌德的这首诗谱曲了！真是好！……法兰兹，请你再弹一次，让我们再欣赏一次吧。"

事实上，歌德的这首《魔王》，过去已经有好几个人谱过曲了，连贝多芬也曾被这首诗的魅力所吸引而为它谱曲，但最后还是放弃了。现在只要提起《魔王》，任何人都知道是舒伯特所谱的曲。

"那么，我遵照你的意思再弹一次……其实，这曲子虽然是我自己写的，但是，我觉得对于三连音的连续弹奏，还有些困难。"

说完，舒伯特再度面对着钢琴开始弹奏，康维特学校的少年歌手蓝特哈廷加也再次以美妙的歌声唱着。在座的人听了都非常感动。

《魔王》这首曲子不像《野玫瑰》那样，反复着同样的旋律，而是从头到尾没有反复旋律的歌曲，这也是它具有魅力的原因之一。

这一天，舒伯特非常兴奋。虽然他绝没有想到后来的人如何赞赏《魔王》，但是他对于将来抱着无比的希望。

朋友的策略

"**如**蒙获准献给阁下……"修伯恩一直很耐心地写着一封信,这是1816年的4月。到底信中所称的"阁下"是谁呢?

修伯恩突然把刚才写的那张信纸撕破,揉成纸团丢入他身边的字纸篓里。在字纸篓中,已经满是这种信纸团。由于这封信不好写,所以,修伯恩显得有些急躁,并对着信纸喃喃地念着:"写信的对象不对劲,因为他是名满天下的大诗人——歌德。"

那么,毫无疑问地,这封信上所称的"阁

※ 歌德塑像

歌曲之王——**舒伯特**

※ 舒伯特故乡的冬天

下",就是歌德了。当时,67岁的大诗人歌德,是德国中部的小国家——魏玛的国务大臣。

拿破仑没落之后,魏玛升格为大公国,这个国家虽小,但由于有着英明的国王,所以文化水准很高。这个小国不仅在全德国著名,在全欧洲也相当有名。在40年前,魏玛公爵就已经把天才诗人歌德召入宫中,准备与他共同建立高文化水准的国家。后来席勒也被延请到魏玛,只可惜他英年早逝。现在,歌德虽然已经67岁,但身体仍很健康,战后仍然担任国务大臣,继续从事著述。

修伯恩终于打好了这封信的草稿,然后,他仔细地将草稿誊清。这封信是要写给闻名世界的大诗人歌德的,确实花费了不少时间。写这封信的目的是请歌德帮忙,因此不得不花费这么大的精神去写。那么,修伯恩到底是对歌德说些什么呢?我们来看看他已经誊写好的信。

"这位艺术家想把这本歌曲集献给阁下……"

这么说,修伯恩是代替"这位艺术家"写信了,我们在看了修伯恩桌子上放着的舒伯特的歌曲乐谱,就可以明白了。

对了！一群早就欣赏舒伯特才华的朋友们，准备把这位天才作曲家介绍给大诗人歌德，以获得歌德的奖励。所以，他们定下了这个计划。

本来舒伯特本人可以亲自将《魔王》或《野玫瑰》送给歌德，但他没有这种勇气。他的朋友们无论怎么怂恿他，他都不敢提笔写信给歌德。因此，提议这件事的修伯恩老爹只得仗义代笔了。

除了让舒伯特亲自誊写乐谱外，其他的一切事情都由修伯恩负责。目前，他刚写完给歌德的信。

"这家伙真是一点都不关心这件事，害得我这么辛苦！"

修伯恩一面抱怨，一面开始包装准备寄出去的作品。这些作品都是以歌德的诗所谱成的歌曲，包括《纺织姑娘葛瑞卿》《野玫瑰》《魔王》《海的静寂》《流浪者的夜歌》等，共达16首之多。

这个时候，舒伯特本人正在学校里批改学童的作业，他面带愁容地打开抽屉，把申请书的草稿拿出来，重新再看一次内容。这是一张已经寄到距离维也纳西南约600千米远的莱巴哈市申请工作的申请书草稿。

为什么舒伯特想要到那么遥远的乡下市镇去工作呢？原来，莱巴哈市的师范学校要设音乐科，需要一名音乐教员。这项公告是这个月的2日刊登在报纸上的。条件是每天平均授课三个半小时，年薪为500格勒登，是黑驹小学年薪的十倍多。内心一直想着结婚和独立的19岁的舒伯特，不禁大为心动。

于是，舒伯特请萨里埃利先生写一封推荐信，然后，把这封用意大利文写的推荐信连同申请书一起寄到莱巴哈市。这几天，舒伯特每天都在等待答复。很久以来，舒伯特一直很希望在音乐学校教书，因此他对这件事很关心。

从那时起，经过了相当长的一段时日。

"真是伤脑筋！不知该怎么办才好！莱巴哈市师范学校的那件事没有成功，歌德那边也丝毫没消息。"

老爹修伯恩为此似乎非常困惑。梅尔霍华也说：

"歌德这老家伙实在不对！人家诚心诚意寄歌曲集给他，他竟然连一句话也没回。萨里埃利也真是的！那封推荐信好像是勉强写的，而且信的内容也不够恳切！是舒伯特拿给我看，我才知道的。"

萧伯说："诗人和学长都不必这么着急，舒伯特的年纪和我差不多，我最了解他的心情。"

萧伯是出生于瑞典的奥地利青年。1815年，当舒伯特写《魔王》的时候，萧伯还是康维特学校

歌曲之王——舒伯特

知识链接

清唱剧形成于16世纪末,到了17世纪,以基督教为主要内容得到迅速发展,代表人物为卡里西米与许茨。清唱剧分为拉丁文的教会音乐与意大利文的通俗音乐两种类型。著名的清唱剧作品有《复活节清唱剧》《十字架上耶稣的七言》《圣诞节的故事》等。

法科的学生。所以,他也是修伯恩的学弟,他的正式姓氏是"冯·萧伯",因此,他也和修伯恩一样,有着相当好的家世;而且他的家境比修伯恩还要富裕。有一段时间,萧伯完全被舒伯特的音乐迷住了。不久后他就成了舒伯特的好朋友。

"歌德这个人不但会收到全德国,而且甚至会收到全欧洲的诗人、音乐家、画家、艺术家和哲学家、宗教家、政治家等各种人寄去的作品、著作或信件。我想他一定非常忙碌。"

"对!这也难怪!"老爹修伯恩说。

"所以,我最讨厌法学士。老爹和萧伯都是俗货!"诗人梅尔霍华说着,开始生气了。

"喂!诗人!你自己还不是因为不能靠写诗过日子,所以才当了什么审查官。为了生活,我也要当公务员。"

萧伯虽然年轻,但说话毫不客气。他年纪虽轻,但很懂得人情世故。他和任何人都能很轻松地谈话,但并不令人生厌。他又接着说:

"可能是萨里埃利先生的推荐书写得不够有力,不过,舒伯特自己似乎不会介意这件事。上次在萨里埃利先生居留维也纳五十周年纪念日的庆祝会上,舒伯特把自己作词、作曲的清唱剧献给了萨里埃利先生,这证明舒伯特还是很尊敬他的。"

诗人梅尔霍华说:"不过,从那时以后,舒伯特就再也没有到萨里埃利先生那里去上课了,这可能是他想到莱巴哈那儿的工作没着落才不敢去的,真是可怜!到现在还在拿'天国门'的小学那一点薪水。"

因为努斯多福街上有一间"天国门教会",所以人们把努斯多福街一带称为"天国门"。舒伯特家的黑驹小学就在努斯多福街的巷子里,所以梅尔霍华称它为"天国门"的小学。

"那所小学的薪水的确是太少了!——虽然是他父亲经营的学

※ 音乐家贝多芬雕像

校。所以,法兰兹最近和他父亲处得不太好。老校长虽爱好音乐,其实也是个俗货!他如果不把他儿子的天赋换算成金钱,就根本不了解法兰兹的天赋。"修伯恩说。

诗人梅尔霍华接着说:"对!一点也不错!不久以前,华丁洛特教授过生日,法兰兹意外地受托作曲。那一次,是他出生以来第一次获得100格勒登。法兰兹的老爸比他本人更为得意,不停地向人夸耀这件事。"

萨里埃利先生居留维也纳50周年庆祝会的第二个月,舒伯特曾为政治学教授华丁洛特的庆生会写了一首叫作《普罗米特斯》的伟大歌曲和一首交响曲,而获得了100格勒登的报酬。

"他自己也一定非常高兴,因为100格勒登是他现在年俸的两倍多。难怪他会想到独立和结婚的事了!"

梅尔霍华听到萧伯这么说,便立刻说:"不行!不行!那种临时收入还是不够。最近,舒伯特不像以前那样常跟德丽莎见面了。歌德也没有给他回音,莱巴哈的工作也

歌曲之王——舒伯特

被当地人取得。现在他好像已经打消了结婚的念头。"

"老实说,我觉得自己对他也有责任,我认为,继续发展他的天赋,比结婚更重要。歌德一直都没有正式结过婚,贝多芬也快50岁了,还不是独身?当初一再劝舒伯特不要急着结婚的霍哲普菲尔和休达特拉,都调到别的地方服务去了,真是的!"

舒伯特的老朋友之中,有些已经被调到其他地方服务,但是他的新朋友也不断地增加。在本书中,还会出现一些新的人物。

"总而言之,舒伯特虽然是个天才,但对世事一窍不通。我们不仅要尊重他的音乐,以后也要共同协助他、鼓励他。"

修伯恩说完后,梅尔霍华和萧伯立刻异口同声地表示赞同地说:"对!""对!"

"所以,现在我们应该先使舒伯特从位于'天国门'但一点也不像天国门的学校住宅中搬到租借的房子内。在那里他可以自由自在地作曲,你们觉得怎么样?"

"我赞成!……学长,搬到我那儿怎么样?"萧伯提议道。

"到这儿也可以。"诗人也说。

这天,这些人聚集在诗人梅尔霍华的黑暗而狭窄的房间内讨论这个问题。这是1816年夏末的事。

"你们都这么说,我觉得很高兴。既然这样,我就不客气地说,诗人的这个房间太窄小,如果是在萧伯家,还有萧伯的母亲和女佣可以照顾舒伯特。所以,我决定暂时让舒伯特到你(萧伯)那里去,麻烦你了!再说,你和舒伯特的年纪比较接近。"

"好!没问题!"萧伯很高兴地一口答应了下来。

但诗人有些不情愿地说:

"不过,萧伯可能不久就会被调往其他地方,这家伙也是个想升

知识链接

协奏曲最早是作为一种声乐体裁出现的,16世纪指意大利的一种有乐器伴奏的声乐曲。17世纪后半期起,指一件或几件独奏乐器与管弦乐队竞奏的器乐套曲。巴洛克时期形成的由几件独奏乐器组成一组与乐队竞奏者称为大协奏曲。古典乐派时期形成的由小提琴、钢琴、大提琴等一件乐器与乐队竞奏的协奏曲称"独奏协奏曲"。海顿、莫扎特、贝多芬以及浪漫乐派的许多作曲家均作有大量的独奏协奏曲作品。

官的俗货！"

"你少说这种话！"

"好了，好了！你们两位——"修伯恩对他们两人说："……我很了解两位的心情，而且我也感到非常高兴。现在，我应该怎么做呢？……对了！我一定要想办法，帮舒伯特找一家乐谱出版社。"

这倒是个好构想。像舒伯特那种人也真是的！去年，大概是由于他继母生产吧，他有一些很重要的乐谱，都被临时请来的女佣当作起火的燃料，他自己竟然一点都不觉得可惜。虽然他是个天才，在他脑里有着写不完的音乐，但是，那些宝贵的作品就这样被烧掉，实在是太可惜了！

修伯恩说得不错。1815年，被女佣烧掉的歌剧乐谱，虽然是小型歌剧所使用的小作品，但也未免太可惜了！去年舒伯特使用朋友们所写的脚本，一共作了7首小型歌剧。1816年，他的创作力仍旧相当旺盛，光是在这一年中，他就写了一百多首歌曲、两首交响曲、弦乐四重奏曲、钢琴奏鸣曲、小提琴协奏曲和宗教音乐等。

在器乐曲方面，他写了C小调的第四交响曲；在声乐曲方面，他为歌德的诗《竖琴之歌》谱了曲，并为舒密特的诗《流浪者》谱了曲。这些作品至今仍然非常有名。后来，舒伯特将第四交响曲命名为《悲剧》，也把歌曲《流浪者》改编成钢琴曲《幻想曲》。他的这种做法可能是暗示了自己的本性和命运。

到了1816年的秋天，舒伯特终于决定搬到好友萧伯家住。

※ 竖琴

匈牙利伯爵

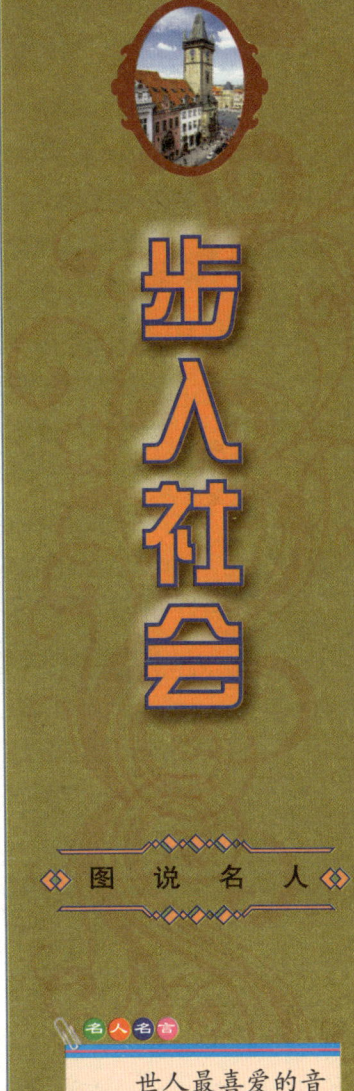

在舒伯特21岁时，有一位欣赏舒伯特的人，把他介绍到埃斯特哈济伯爵家当家教。舒伯特在那儿的工作是教伯爵的两个女儿音乐，薪水是教一次得两格勒登；而且夏天必须与伯爵一家人一同住在伯爵的领土——却利斯的别墅里。

"听说，舒伯特还没有正式辞去他老爸那儿的工作。"萧伯说。

修伯恩接着说："不错！他那位校长老爸，要是没有法兰兹，也会相当头痛的。所以，形式上，他请了一年的假。不过，他要是回来的话，又得当小学老师了。"

"这样未免太可怜了！我们公务员的薪水虽然不多，但是，在学校教书——尤其是在黑驹小学——薪水更是少得可怜！"诗人梅尔霍华说着，露出了无可奈何的表情。

这时候，舒伯特本人却一点也不知道他那些维也纳的好友们正在担心地讨论着他的事，他仍然继续有生以来第一次的长途旅行。后来，他终于到了伯爵在匈牙利领土上的别墅——"却利斯庄"。

匈牙利的却利斯，比起奥地利的维也纳，算是一个乡下地方，含有一些东方似的异国情调。约翰·卡尔·埃斯特哈济伯爵的别墅是一幢并不太大的平房，在大门外停车地方的柱子上有常春藤缠绕着。此外，斜度很大的屋顶、窗户的形状和粗大的

※ 维也纳金色音乐大厅外景

四角烟囱，这些在舒伯特看来，都像进入了童话世界。

舒伯特所住的地方是管理员所住的房子，与伯爵一家人住的房子分开。住处的四周非常安静，但是，那儿约有四十多只鹅，所以有时候也很吵。"这些鹅吵起来，我连自己说的话都听不到。"这是舒伯特在给萧伯的信上写的。

却利斯庄最主要的一幢房子，是音乐厅兼客厅的豪华大厅，在这里面有很华丽的钢琴。舒伯特来了以后，马上教玛丽和卡洛琳妮两姐妹弹钢琴。

"好！弹得很好！……不过，刚才那个地方要再弹一次。你们仔细看老师的手指动作，是二、三、二，然后再用第四指（无名指）弹。"

21岁的舒伯特在弹给这两姐妹听时，不觉回想到自己少年时代向哥哥和霍尔策先生学琴的日子。两姐妹中的妹妹卡洛琳妮，现在学的曲子是海顿的C大调小奏鸣曲，这个眼睛大而美的少女，睁大了眼睛看着乐谱，再弹了一次。舒伯特在旁边看到这种情景，觉得她非常可爱。

"好了！弹到这里。卡洛琳妮小姐，你弹得很好！下面该姐姐弹了。"

姐姐玛丽手上拿着贝多芬G大调小奏鸣曲的乐谱，坐在钢琴前面。这个女孩子只有十三四岁，还

歌曲之王——舒伯特

是个少女，但已经有些成熟。当玛丽开始弹琴时，外面的走廊响起了脚步声，没有关好的门被打开了，一个小男孩跑了进来。这个孩子是伯爵的第三个孩子——今年才5岁的长子艾伯特。

"不行！玛丽姐姐正在学钢琴。"

跟在艾伯特后面进入音乐厅的是今年28岁的美丽的伯爵夫人——吉妮。

"舒伯特先生，很抱歉！艾伯特，你要乖乖地在这里看她们弹琴。"

这位年轻的音乐老师好像有些慌张，但仍然一本正经地继续教钢琴。上完钢琴课后，他们又接着练习唱歌。姐姐玛丽是歌声美妙的女高声。舒伯特弹了一段他所作的《纺织姑娘葛瑞卿》后，就说：

"这首歌可能比较难，要不要练习？"

玛丽似乎有些害臊，一句话也没说；但是，她的母亲却说：

"这是一首非常好的歌曲，歌词是歌德写的吧？玛丽，要好好学！"

玛丽点点头，然后就以美妙的声音开始唱：

"我内心的安慰消失了……"

可能因为美丽的伯爵夫人在场，舒伯特有些不自在。好不容易练习结束。

"哎呀！舒伯特先生，辛苦你了！"

埃斯特哈济伯爵不知道什么时候进来了，他和夫人一同坐在沙发上，露出了满意的表情。

"这首歌确实很棒！什么？三年前作的？真令我惊讶！我女儿能向作曲者本人学习这首曲子，实在是太幸运了！不过，我女儿还不到谈恋爱的年龄哟！"

玛丽和舒伯特的脸都红了。伯爵对于他们的练习，似乎感到很满意。伯爵本身也懂得声乐，是一位相当不错的业余男低音歌手。

8月3日的夜晚，他在日记上写着：

"我怎能忘掉你们这群好朋友？你们就是我的一切。修伯恩、萧伯、梅尔霍华，你们都好吧？我在这里生活得很好，作曲格外顺利，也完成了梅尔霍华的《孤独》……"

虽然舒伯特在匈牙利的伯爵别墅里生活得很幸福，但他离开了朋友们，到了一个陌生的环境中生活，内心仍感到寂寞。当舒伯特和他要好的朋友在一起时，比和父母、兄弟或爱人在一起，更感到快乐。

※ 美丽的匈牙利（匈牙利国家美术馆）

8月24日，舒伯特在写给哥哥费迪南的信中说：

"……在7月中，连同旅费一共花了200格勒登……这地方（却利斯）已经开始冷了，但我在11月中旬以前，也许不能回到维也纳……这儿的人也很好，但我总是希望能回到维也纳……"

21岁的舒伯特，在伯爵的别墅中过着以前完全没有体验过的生活，他很和善地与别墅内外的人来往。但是，他始终怀念着故乡维也纳。

舒伯特在匈牙利的却利斯庄生活期间，到底是跟哪些人来往呢？

从舒伯特在9月8日写给萧伯的信可以知道："这幢别墅的管理员是一名耿直的斯拉夫人，常夸耀自己的音乐才能；负责会计的是一名很重视收入的人；家庭医生虽然医术高明，但他本人却像个老太婆一样体弱多病；外科医生虽已75岁高龄，但却是一位性格爽朗、可敬可爱的老人；厨师是个懒惰虫；女侍今年30岁；女佣人长得很漂亮，而且常和我说话，使得总管醋劲大发；老妈子是个个性爽快的老妇人……"舒伯特一一介绍伯爵府中的人。又说："伯爵是一位粗线条的人。伯爵夫人的风度高雅，感受力非常强。两位千金都是好女孩。

歌曲之王——舒伯特

我本身也以率直的天性和他们相处。我想，你们一定能想象得到这种情况。"

舒伯特的这封长信虽寄给萧伯，事实上也是写给每一个朋友看的，这在他的信中用的"你们"就可以看出。

萧伯和其他的朋友在看完这封信后，都开始担心起来。

"他这样继续住在匈牙利，会不会有问题？他老爸已经很生气地说他请假的期限已过。"萧伯与其他朋友们聚集在啤酒店内商讨这件事。

诗人梅尔霍华接着说："黑驹小学准备把法兰兹的钢琴卖掉。听说，他们的学生比以前少，学校恐怕很难再维持下去了。"

萧伯又说："不过，这次法兰兹认识了恩休泰男爵，对他是很不错。因为男爵和舒伯特同年，又是佛格尔的学生，他的歌声又很不错，如果他们两人成了好朋友，对舒伯特的将来一定有帮助的。"

"说得也是！"修伯恩和梅尔霍华也点头表示同意。当时的音乐家如果能获得贵族或有钱人的资助，不但很容易在社会上出名，维持生活也不会有困难。

那时，音乐家在社会上的地位很低。除了贝多芬那样的音乐界权威之外，像舒伯特这样年轻又没有名气的穷作曲家，其实和却利斯庄的一个佣人是没有什么差别的。一般的男孩子从学校毕业后，就到政府机关服务。所以，在舒伯特的朋友中，像修伯恩、梅尔霍华和萧伯等人，都是公务员。当时想要靠音乐、诗文、绘画来维持生活，实在很困难。

"到底他在却利斯庄作曲的情形怎么样了？"

公务员诗人梅尔霍华问了这句话后，萧伯便回答说：

"除了你的诗《孤独》以外，他这次好像又为伯爵夫人作了一曲《夕阳》。看来，舒伯特对年轻貌美的伯爵夫人，大概是有了一点意思。"

"混蛋！舒伯特才不像你那么游手好闲呢！他这个人虽然会谈到有关女人的事，其实，他对女人是非常冷淡的。"老爹修伯恩反驳道。

这一年的冬天，舒伯特终于回到了维也纳。但是，他的父亲对他很不谅解。

这次就和以前在康维特学校数学成绩不及格时一样，舒伯特的父亲又不准他回家。虽然舒伯特的哥哥和修伯恩从中帮他说话，但老校长仍然固执己见。就这样，舒伯特又再度被赶出了家门。

73

外出旅行

一条通往市区中心的伦加瑟大路上,有一家叫作"罗马皇帝馆"的大旅社,这家旅社的大厅内,举行了一场小提琴家耶尔的演奏会。

这是1819年2月底的事。

在这场小提琴演奏会中,还加入了歌曲的演唱。

"哼!《牧羊人的悲歌》,法兰兹·舒伯特作曲……舒伯特到底是什么人?"

"我也不太清楚。听说,上个月他在森莱特纳律师家中指挥了《普罗米特斯》清唱剧,获得了好评。我想,这首《牧羊人的悲歌》应该也不错吧!因为在安·迪亚·维也纳剧院唱男高音的伊也卡,

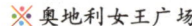
※ 奥地利女王广场

歌曲之王——舒伯特

知识链接

独唱指一个人演唱的形式。因性别和各人的条件、音色不同，又可分女高音、女中音、女低音、男高音、男中音、男低音等独唱。其音色特点是：女高音华丽灵巧，女中音温柔圆润，女低音丰满宽厚；男高音高亢明亮，男中音浑厚庄严，男低音低沉庄重。他们之间的音域也各不相同。女高音中还分音色清脆灵巧的花腔女高音，音色秀丽甜美的抒情女高音，音色刚强壮实的戏剧女高音。男高音中有音色明朗而抒情的抒情男高音，音色壮丽而坚实的戏剧男高音等。

今天特地要唱这首歌呢！"

根据一些观众们的闲谈，我们可以知道，这一天，舒伯特那一首与《纺织姑娘葛瑞卿》同时期作曲的《牧羊人的悲歌》，将由一位名歌手首次公开演唱。这首以歌德的诗谱成的曲子，虽然是在一场小提琴演奏会中的附加演唱中被独唱，但是舒伯特的音乐从此逐渐地出了名。

"不行！既然我也住在这里，就绝不让任何人随便带走舒伯特所写的珍贵曲子！"约瑟夫·西典布伦纳以相当激动的口吻明白地告诉朋友们。

自从舒伯特被父亲逐出家门之后，就住在诗人梅尔霍华那个充满烟味的房间。后来，约瑟夫·西典布伦纳也搬来和他们一起住。

现在，在这满是烟味的黑暗房间内，除了坐在钢琴旁的舒伯特、主人梅尔霍华和住在另一房间的约瑟夫·西典布伦纳之外，老爹修伯恩、歌手霍哲普菲尔和贵族官员萧伯等人，也都聚集在这里。于是，西典布伦纳突然向这群人宣布，从此以后，不得由这个房间内取走任何乐谱。但舒伯特本人却说：

"没关系！反正大家都是好朋友。"

"就是因为这样才不行！"西典布伦纳反驳道，"朋友归朋友，作品归作品。过去已经不知道有多少名曲和乐谱从这个房间内被任意拿了出去。如果有人想要舒伯特的作品，可以正式要求他作曲，我想，舒伯特也一定会乐意地把作品送给对方。舒伯特，你说是不是？"

西典布伦纳说完后，就立刻把放在钢琴上、桌上、谱架上和散放在床上的手写乐谱一一收集了起来。他把这些乐谱整理好后，放入

※ 奥地利的街头艺人

桌子的大抽屉中，然后又说：

"无论如何，从今天开始，大家不要为了留作纪念就任意取走乐谱。舒伯特，你自己也不对！真正的音乐家应该好好保管自己的作品。从今以后，我要请房东太太帮我忙，我要好好保管你的作品，我哥哥也非常赞成由我来保管这些乐谱。"

约瑟夫·西典布伦纳这天和平常不一样，说话时表情非常严肃。使得这些乐天派的舒伯特好友们也不禁有点惊讶。不过，由于约瑟夫所说的话确实有道理，所以大家都赞成他的建议，这正是舒伯特好友们的一大优点。也正是由于约瑟夫·西典布伦纳的努力，舒伯特的作品才能一直流传到后世。

大家都同意后，这群好朋友之中有人说：

"为了预祝《孪生兄弟》的上演成功，我们现在一同来唱这首曲子中大合唱的部分吧！"

大家都表示赞同，于是，舒伯特立刻开始弹钢琴，大伙儿大声地唱了起来。这时，突然听到有人用力敲门的声音，接着，房东太太走了进来，她是出生在法国的妇人。

"你们怎么可以这样呢？我虽然喜欢舒伯特，也很想和你们一起唱他的曲子，但是，现在时间已经很晚了，你们这么大声唱……"

"伯母，对不起！……那么，我们到外面去吧！到什么地方去好呢？"

"好久没去安那街的'黑猫馆'了。"

"好！到那儿去也好，不过，还是到'匈牙利皇冠馆'比较合适。"

大家这么说定以后，这些舒伯特的朋友们很高兴地从这个有烟味的房间走出去。

"匈牙利皇冠馆"是他们最常

歌曲之王——舒伯特

知识链接

阿尔卑斯山脉是欧洲中南部的大山脉,覆盖了意大利北部边界、法国东南部、瑞士、列支敦士登、奥地利、德国南部及斯洛文尼亚。该山系自北非阿特拉斯延伸,穿过南欧和南亚,直到喜马拉雅山脉,从亚热带地中海海岸法国的尼斯附近向北延伸至日内瓦湖,然后再向东北伸展至多瑙河上的维也纳。欧洲许多大河都发源于此,水力资源丰富,为旅游、度假、疗养胜地。

去的地方。这天,他们在那儿喝啤酒,非常热闹。

那时候正是1819年的初夏,歌剧《孪生兄弟》早已完成。

"啊!佛格尔在那儿!"

大家听到西典布伦纳这么说,都转过头去,他们发现宫廷歌手佛格尔,很难得地出现在这家啤酒店。他微笑地朝他们走过来。不久前,由于佛格尔的推荐,使得舒伯特首次为剧院写歌剧。但这天,佛格尔表情凝重地对舒伯特说:"对不起!剧院最近不愿意上演你的歌剧。"他很遗憾地接着说:"但是,舒伯特,迟早我一定会让他们演出你的作品,你要暂时忍耐一下。你有没有心思和我一同去旅行呢?我要上奥地利去。"

"好啊!我很高兴能跟你一道去!而且,因为上次替剧院写了歌剧,所以旅费也不成问题!"

他们两人年纪虽然差了将近30岁,但由于彼此对音乐的爱好,成了亲密的朋友。

这次剧场虽不上演舒伯特的作品,舒伯特本人并不很失望,这可能是因为他对于要和佛格尔一起旅行的事感到特别兴奋的关系。于是,舒伯特在朋友们羡慕的眼光下,和佛格尔约定好一同出外旅行。

"真好!当艺术家还有暑假,我们公务员根本就没有这种假日。"

"废话!萧伯,你是业余的公务员,你还有其他的正业……不过,你的正业说不定就是交女朋友。"

诗人梅尔霍华的这句玩笑话,使萧伯不好意思地说不出话来。这群人大概是有点醉了,所以讲话肆无忌惮。

萧伯突然改变话题说:

"对了!舒伯特,最近我准备向你介绍一个人,这个人很早就想加入我们这一伙了。"

"这个人会做些什么事?"

舒伯特问的这句话,当然是指这人是否有音乐、文学或绘画上的才

※阿尔卑斯山

能。但是，由于舒伯特没有把字咬清楚，所以，诗人梅尔霍华就说：

"你看！舒伯特又露出了他的老毛病。喂！'加尼巴斯'！"

"加尼巴斯"就是德语"会做什么事"的意思。

"'加尼巴斯'这个绰号实在很适合舒伯特，哈哈哈！"五十多岁的佛格尔开怀地用他的男中音大声地笑着。

但舒伯特苦笑着说："什么！你这只'希腊鸟'！"

因为，在德语中，"佛格尔"的发音和"鸟"的发音很接近；同时，这位宫廷歌手又常有带希腊诗进入剧院后台的习惯。

于是，大家又开怀地笑了。

7月中旬，22岁的舒伯特和佛格尔两人到达了上奥地利的士第伊尔。士第伊尔是在维也纳西方约一百五六十千米的乡下市镇，位于上奥地利的南方，是位于奥地利阿尔卑斯山脉的美丽市镇，而且，这儿是佛格尔的故乡。

距离士第伊尔北方不远处的利茵兹市，是修伯恩的故乡。同时，在上奥地利的北方，也是休达特拉、梅尔霍华以及出生于瑞典的萧伯的故乡。

歌曲之王——舒伯特

7月13日，舒伯特在写给他哥哥费迪南的信中说："现在，我们所住的房子中，有8个女孩子，而且几乎都是美人，所以我才那么忙碌。"

舒伯特寄住在佛格尔的朋友——谢尔曼律师的家里，佛格尔自己则住在巨商可拉的家里。可拉是贵族的后裔，他对于佛格尔推荐的这位在去年已经写成第六交响曲的年轻作曲家舒伯特有相当好的印象，并答应供给舒伯特饮食。所以，舒伯特每天都从律师家到这位巨商家吃饭。舒伯特在信上又说：

"可拉先生的女儿长得很漂亮，钢琴也弹得很好；她将来可能会唱我作的曲子……士第伊尔一带的景色，实在很美！"

一天黄昏，舒伯特在可拉家中分派角色，准备在可拉家把《魔王》当歌剧上演。舒伯特本人除伴奏全曲之外，还担任父亲的角色，由宫廷歌手佛格尔来担任魔王的角色。至于被魔王看上的少年一角，则由可拉的女儿约瑟芬（小名贝比）饰演。演完后，受到了所有听众热烈鼓掌和喝彩。

舒伯特此行和去年在匈牙利的却利斯庄不同，这次没有教音乐的义务。而且，舒伯特又是出生在这个地方的名歌手——佛格尔的好朋友，所以到处都受到欢迎。舒伯特为了报答佛格尔给予他的关照，便在8月10日佛格尔51岁生日那天，把休达特拉所作的歌词谱成的清唱剧献给佛格尔。

"用歌声表达出心声，
听他的歌声，
仿佛温和的雨水，
渗入心田一般。"

这首曲子在舒伯特去世后被题名为《春之晨》，并以不同的歌词出版。除了这首曲子以外，舒伯特还为住在士第伊尔的佛格尔的好友帕姆格托纳写了弦乐五重奏《鳟鱼》，并由他亲自担任钢琴伴奏，在帕姆格托纳家首演了这首名曲。

舒伯特和佛格尔两人在士第伊尔住了两个月左右。在这期间，舒伯特深深地沉醉于这里的优美山川、典雅的房屋、哥特式的建筑、恩斯河（多瑙河支流）上的木筏，以及当地的古井和桥梁的形状等风景。

同时，舒伯特也常和佛格尔一同到北方的利茵兹市。由于利茵兹市是修伯恩的故乡，所以舒伯特在那儿也受到热烈的欢迎。舒伯特在上奥地利愉快地度了两个月的假后，因为宫廷歌手佛格尔的假期将满，他们两人便在9月下旬一同回到维也纳。

星期五音乐会

从上奥地利回维也纳后的次年（1820年）6月，佛格尔终于使舒伯特的歌剧《孪生兄弟》在维也纳的宫廷歌剧院上演，并由佛格尔担任男主角。从这件事可以看出，比舒伯特大了将近30岁的佛格尔对于舒伯特的关爱程度了。

当时的歌剧界中，意大利歌剧的势力相当大。在维也纳的歌剧界也是如此，莫扎特的作品和贝多芬的《费得里奥》，还不及意大利的歌剧——尤其是罗西尼（1792—1868）的《塞维亚理发师》和《奥

※ 奥地利国家歌剧院内部一景

歌曲之王——舒伯特

知识链接

喜剧是戏剧的一种类型，大众一般解作笑剧或笑片，主要以夸张的手法、巧妙的结构、诙谐的台词及对喜剧性格的刻画，从而引起对丑的、滑稽的嘲笑，对正常的人生和美好的理想予以肯定。基于描写对象和手法的不同，可分为讽刺喜剧、抒情喜剧、荒诞喜剧和闹剧等样式。内容可为带有讽刺及政治机智或才智的社会批判，或为纯粹的闹剧或滑稽剧。喜剧冲突的解决一般比较轻快，往往以代表进步力量的主人公获得胜利或如愿以偿为结局。

赛罗》等作品受到一般人的欢迎。因此，当时的歌剧院不太愿意上演德国歌剧，更何况是年轻作曲家的作品呢！

1820年6月14日，《孪生兄弟》首演的那天，23岁的作曲者舒伯特与刚回到维也纳的安哲姆·西典布伦纳一同坐在克伦特门歌剧院三楼的大众席后座，兴奋地注视着台上。

这出《孪生兄弟》并不算正式的歌剧作品，而是根据法国喜剧的剧本翻译写成的小型歌剧。歌剧内容是以一对不容易分辨的双胞胎兄弟为主角，由一名歌手担任这两个角色，是一出故事情节不是很复杂的喜剧作品。

在这出歌剧中，两位孪生兄弟不可能同时出现在舞台上，所以，担任这个角色的歌手，必须不断地出现在舞台上。而名歌手佛格尔却答应饰演这个繁重的角色。

序曲演奏完后，佛格尔出现在以莱茵河的村落为背景的舞台上开始表演。每当"佛朗兹"和"佛利多里"这两个双胞胎的角色得到观众热烈的掌声时，舒伯特和坐在旁边的安哲姆·西典布伦纳两人便相视而笑并且高兴地鼓掌。

"每个地方都有人拍手太久，实在是不理想！"西典布伦纳低声地向舒伯特说。

"对！虽然我很感激大家这么捧场，但是……"舒伯特也露出无可奈何的表情。

原来，修伯恩和一些舒伯特的朋友都兴奋地来剧院观赏；由于他们过于热心捧场，所以在一般的听众鼓完掌后，他们仍继续鼓掌或大声叫好，往往干扰了歌剧的演出。

后来，其他的听众对于这种过分热烈的喝彩声感到很厌烦，有人便开始叫："肃静！""吵死了！"而且还有人吹口哨。此外，可能是一般听众习惯于欣赏意大利歌剧，所以对于舒伯特的歌曲式作

※ 奥地利有着古老的音乐传统

风有些不太能适应。基于这些原因,场内的气氛显得不太稳定。

歌剧《孪生兄弟》的主要曲子,加上合唱曲,一共是10曲左右。当这出歌剧演唱完之后,舒伯特的朋友们便非常热烈地拍手喝彩。喝彩声压过了反对派的口哨声。也有不少反对派的听众由于佛格尔的美妙歌声而给予热烈的掌声。

在不停的掌声中,佛格尔又数次回到舞台上谢幕,但是听众的掌声仍然不断,他们希望作曲者能亲自上台。

"喂!舒伯特,大家正在等着你上台,佛格尔也一直看着舞台的出入口,你赶快上台吧!"安哲姆·西典布伦纳说。

这时,舒伯特可能是受到了热烈喝彩声的影响,红着脸说:"我怎么能上台呢?你看我穿的衣服!"舒伯特这天穿了一件很朴素的便服。

"那么,你穿我的衣服上台去吧!"

西典布伦纳立刻把自己的燕尾服

歌曲之王——舒伯特

脱下来借给舒伯特。但舒伯特说：

"不行！不行！我不上台！"

他红着脸把燕尾服还给西典布伦纳。这时台下仍然掌声四起，站在台上的佛格尔只好用手势请听众安静下来，然后说：

"作曲者舒伯特先生今天没有到场，我代替他向大家深深地道谢。"

佛格尔向听众点头致谢后，大家终于停止继续鼓掌。音乐会结束后，舒伯特、西典布伦纳和所有的朋友们便一同前往酒店，大家共同举杯庆祝这次首演的大成功。

但是，这次能不能算是大成功呢？每一家报纸对于《孪生兄弟》演出的报导都非常简短，只有"一般音乐新闻"这家报社发表了稍微长点的评论。在这则评论中，虽然承认舒伯特的才能，但也同时指出了"管弦乐法不够完整"和"转调过多"等缺点。《孪生兄弟》一共只上演了六次，所以，无论是在上演成绩和作品上看来，都算是一种失败。《孪生兄弟》失败的最重要原因，是脚本的不理想；而且，舒伯特的音乐一向带有哀愁的特色，

※ 奥地利是激发音乐家灵感的美丽国度

不适于为这种喜剧配乐。

"舒伯特可能相当失望吧！"

"但是，听说这次他答应为三幕歌剧《神奇的竖琴》作曲，现在已写完了第二幕。不过，这出歌剧的剧本，听说是《孪生兄弟》的作者所写，所以，我还是有些担心。"

"说的也是！不过，音乐怎么样？这次是不是采用了罗西尼式的音乐？"

"不！他从不崇尚时髦，这就是舒伯特伟大的地方。在很早以前，他就曾赞美罗西尼说：'罗西尼的天才绝不能被否定！'他的这种态度也很伟大！"

修伯恩、萧伯、梅尔霍华和西典布伦纳兄弟等人，集合在一起谈论舒伯特的事。

1820年8月19日，歌剧《神奇的竖琴》在维也纳首次公演。虽然乐曲只花了两星期写成，但旋律非常优美。由于这一次的公演是为了募款给安·迪亚——维也纳剧院的舞台设计家，所以采用了华丽的背景，而且共上演了12场。但是，又由于脚本不好，没有受到一般听众的好评。结果，这出《神奇的竖琴》并没有提高舒伯特的声誉。

不过，这出歌剧的序曲，也就是现在所称的《罗莎曼序曲》，却因此大为出名。事实上，现在之所以称这首序曲为《罗莎曼序曲》，是后来在印刷时排版错误所致。因为舒伯特曾为另一出歌剧《罗莎曼》作曲（这出歌剧的序曲叫作《阿尔丰索与艾雷斯特瑞拉》）。这种情形对于后世的人来说，确实是相当麻烦的。由于这出《神奇的竖琴》首次公演的成绩并不理想，所以舒伯特也没有取得事先谈好的作曲费五百格勒登。

"舒伯特是个老实人，剧院的负责人也未免太刻薄了！"

"对！所以舒伯特对于替剧院作曲也感到厌烦了。印度歌剧《沙尾塔拉》才写到一半，他就放弃不写了！"

"这样才对！那出印度歌剧的

知识链接

男爵出现于英国11世纪，到12世纪初大部分高级世俗贵族都被封为男爵，其中少数与王室关系密切、封地较多者又被称作大男爵，其地位在伯爵和男爵之间。很快，大男爵发生分化，显赫者升为伯爵，其余与普通男爵一样。正因当时男爵在世俗贵族中占了很高比例，以至于男爵一词长期作为贵族的集合名词使用。

歌曲之王——舒伯特

※ 诗情画意的风景孕育着青年舒伯特的爱情

脚本,我先看过了一遍,写得实在不像样!所以,我劝舒伯特千万不要为这种歌剧作曲。"诗人梅尔霍华好像有些气愤地向修伯恩和萧伯说着。

萧伯接着说:"干脆请人在松莱托纳家的音乐会中唱舒伯特以前所写的歌曲,对舒伯特可能还有利些。"

1820年的12月,舒伯特被邀请参加名律师同时是音乐爱好者松莱托纳博士家的音乐会。这天,由公务员兼声乐家吉姆尼希演唱舒伯特的《魔王》,受到了热烈的喝彩。钢琴伴奏者并不是作曲者,而是一位美丽的小姐。

"我真佩服你,这首曲子确实令我意外地兴奋和惊奇。在演唱以前,卡蒂小姐试弹伴奏时,我曾经问她:'这首曲子是你作的幻想曲吗?'她说:'不是!'于是,我心里很想知道,到底这首美妙歌曲的作者是什么人。不信的话,你可以问问卡蒂小姐。"

业余歌手吉姆尼希表情认真地对舒伯特说。此外,在舒伯特周围还有钢琴伴奏者——20岁的卡蒂·佛莱利希、爱好音乐的年轻剧作家——29岁的葛利儿巴尔札、舒伯特前年在却利斯庄结交的昔恩休泰男爵、这幢房子的主人松莱托纳律师及他的儿子里欧波耳多等年龄、身份各不同的人们，大家都赞美着舒伯特。

"像这么伟大的作曲家的作品，居然连一首曲子都没有出版，真是莫名其妙！我们以这个'星期五音乐会'作为后盾，找一家乐谱出版社，先把《魔王》出版，你们看怎么样？"

听主人松莱托纳博士这么一说，大家都表示赞成。舒伯特本人由于个性内向，眼前又有很多不认识的人，所以感到很难为情，他只好将与约瑟夫·西典布伦纳两人一同整理乐谱的事绝口不提。

松莱托纳的府邸是四层楼的建筑，称为"葛恩德尔馆"。每隔一段时期，在这儿举行的"星期五音乐会"是一种交际活动，但是后来竟在此地产生了舒伯特迷。

"你看上了卡蒂小姐吗？不行！不行！葛利儿巴尔札好像早就对她有意思了。"

音乐会结束后，舒伯特与约瑟夫·西典布伦纳以及里欧波耳多一同喝葡萄酒，他们两人取笑了舒伯特。年轻的里欧波耳多说：

"不过，卡蒂小姐也有姐妹，她们四姐妹都有艺术方面的才能。本来佛莱利希家是具有贵族血统的生意人，后来她们的父亲事业失败，所以她们只好以教音乐来维持生活。怎么样，过些日子要不要一起到佛莱利希家去？"

"要！一定要带我去！"

舒伯特对这件事有意，但坐在他身边的西典布伦纳说：

"喂！这种事虽然不错，但别忘了你的正事。最近，我因为替你整理乐谱，才发现你近来的作品比以前少了许多，光是歌曲方面，今年写了还不到20首。"

"但是，我在3月中，曾为费迪南哥哥的教会作过曲；夏天，也作了《神奇的竖琴》；到了秋天又写了《沙昆塔拉》……歌曲方面，也写了海因利希作词的《小山上的年轻人》和以乌兰德的诗谱成的《春思》等，我自己倒是有点把握。"

舒伯特表情非常认真地回答。事实上，20岁以后的舒伯特，比起他十八九岁时，作品数目虽然减少了一些，但是以具有民谣风味的《春思》一曲为例，这首曲子明朗、亲切、美妙且转调顺畅，证明了23岁的舒伯特在作曲的感觉和技巧上，都已经成熟了。

幸 福

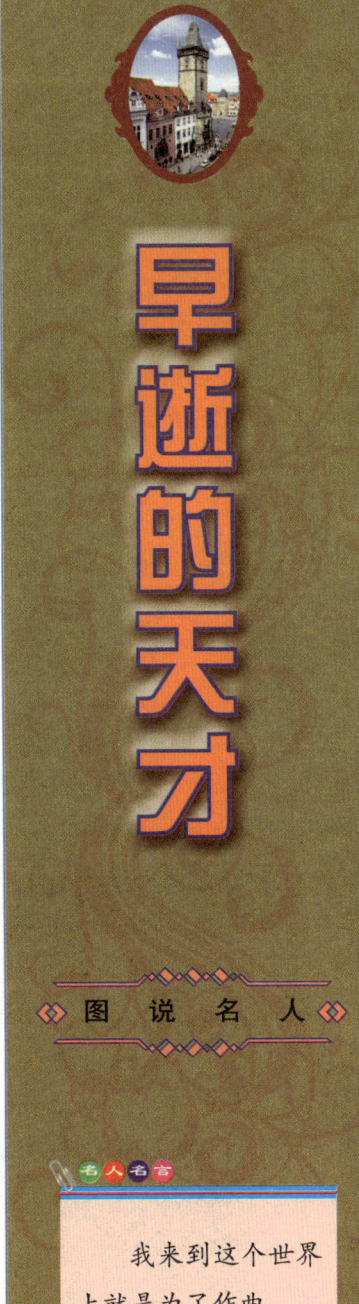

早逝的天才

◇ 图 说 名 人 ◇

名人名言

我来到这个世界上就是为了作曲。
——舒伯特

"喂！狄亚贝里，没话说了吧！"

在"葛恩德尔馆"的"星期五音乐会"会场上，维也纳的名律师松莱托纳博士拿着捐款的名簿，使得狡猾的乐谱出版商狄亚贝里没话可说。

"好的！那么，根据约定只出版一百册，而且当作'委托出版'，印刷发行舒伯特先生的《魔王》。"

乐谱出版商狄亚贝里客气地把出版《魔王》的捐款名簿接过来后，有些不好意思地离开了"葛恩德尔馆"的演奏会场。

"这家伙最狡猾了！他大概没想到我们会捐款出版《魔王》吧！"

里欧波耳多对西典布伦纳兄弟这么说，兄弟两人也笑着说：

"当我们告诉他，我们要负担纸张和印刷费时，这家伙就立刻改变了态度，很客气地要求我们让他的公司来出版这本乐谱。"

"而且，在出版以前，我们已经募齐了全部的出版费用，所以，狄亚贝里看到这种情形，就完全没话可说了。前些时候，他根本没有诚意帮我们出版；但现在，他可能很后悔自己当初的态度。"

每隔一段时期就在松莱托纳家举行的"星期五音乐会"，原来并不是为舒伯特设立的。但是，今天演唱的是《纺织姑娘葛瑞卿》和舒伯特的其他作品，听众们愈来愈欣赏舒伯特的音乐，其中，松莱托纳父子更成了舒伯特迷。

所以，这对父子和年轻的剧作家葛利儿巴尔札、业余歌手昔恩休泰男爵等"星期五音乐会"的有力支持者，才会大方地负担了《魔王》的出版费用，使得"舒伯特帮"的人甚为感动。但舒伯特本人却担心地说："我真是感谢大家的好意，如果印刷出的100册，能卖掉50册的话，那该有多好！"

钢琴弹奏技巧高明的剧作家葛利儿巴尔札说：

"用不着担心！《魔王》的旋律和伴奏都非常美妙，卡蒂，你说是不是？"

美丽的卡蒂·佛莱利希也说："对！我保证你的歌曲一定卖得出去。"

这时，因为编写剧作《祖先之妻》和《沙莩》而出名的30岁剧作家葛利儿巴尔札又打趣地说："卡蒂迷上了舒伯特的音乐，就好像喝醉酒的人一样，完全陶醉在他的音乐之中。"

葛利儿巴尔札在夸奖舒伯特时，也同时取笑了卡蒂。三年以后，葛利儿巴尔札与卡蒂订婚，但始终没有完婚。后来，葛利儿巴尔札到了晚年，就是在这位"永远的新娘"卡蒂的照顾下离开了人间。

有一天，安哲姆·西典布伦纳

※贝多芬广场的贝多芬雕像

歌曲之王——舒伯特

知识链接

回忆录：基本意义就是回忆过去的事情，并且用文字记录下来。准确地说，回忆录是追记本人或他人过去生活经历和社会活动的一种文体，它具有文献的价值。

因为父亲去世，必须回故乡奥地利东南部奔丧。在他回乡前一天，他要舒伯特和他一起出去散步。走在路上时，安哲姆对舒伯特说：

"我不知道该不该问你这件事，你为什么不喜欢女人呢？"

舒伯特听了，吃惊地说道：

"哪有这回事！我以前也谈过恋爱，而且是很认真的。虽然对方不是位美人，但她的声音很美，她独唱我写的弥撒曲时的美妙歌声，令我终生难忘。而且她的性情也很好。有一段时期，我想和她结婚；但后来，她奉母亲之命，嫁给了别人……"

后来，安哲姆·西典布伦纳写回忆录时，就曾引用舒伯特的这段话。在他的回忆录中，也提到了剧作家葛利儿巴尔札对美人卡蒂的感情——男女的婚姻，往往是由于奇妙的缘分而来。

舒伯特的《魔王》出版之后，立刻销售一空。松莱托纳父子及参加"星期五音乐会"的人，尤其是"舒伯特帮"的人，都高兴万分。只有乐谱出版商狄亚贝里因为不能获利，感到非常后悔。

"痛快！痛快！《魔王》刚出版就卖光了！万岁！"

舒伯特和朋友们聚集在他们常去的"匈牙利皇冠馆"，一同举杯庆祝。1821年的春天，24岁的舒伯特终于出版了自己的作品，他把《魔王》编号为"作品一"。其他作品的编号，在习惯上，并不一定都是按照作曲创作的时间先后。

"狄亚贝里下次一定会低着头来拜访我们。"

"那当然！……不过，舒伯特，那家伙很狡猾，你可不要上他的当。"

"不会的！我还不至于那么笨，该要的我一定会拿。"舒伯特笑着说。

但修伯恩和约瑟夫·西典布伦纳说："这样的话最好。不过，你要记得你在康维特学校时，算术成绩很差劲。"

"别看不起我……问题是，狄亚贝里到底会不会来拜托我让他出版我的作品呢？"内向的舒伯特又说出了这种没有信心的话。

后来，狄亚贝里真的来求舒伯

※美泉宫处处都散发着艺术气息

特了。因此,1821年4月,《纺织姑娘葛瑞卿》就以编号"作品二"出版。狄亚贝里对舒伯特说:

"以后,还是请你继续让我来出版你的作品吧!"

就这样,狄亚贝里从舒伯特所住的诗人梅尔霍华房内抽屉里,取走了《牧羊人之歌》《野玫瑰》等乐谱。5月间,"作品三"《野玫瑰》以及《海的静寂》等歌曲被编成歌曲集出版。一向贫穷的舒伯特,也意外地获得了一笔金钱。

当时,作曲者如果将作品呈献给贵族,对方便会以一笔相当数量的钱送给作曲者作为酬劳。同时,每次再版时,舒伯特便能收取大约一百五六十格勒登。

"真令人想不通,为什么艾洛耳的歌剧《魔铃》不太受欢迎!但是舒伯特为这首歌剧所作的附加曲却大受欢迎。"萧伯很高兴地说。

修伯恩也说:"艾洛耳看到听众只对舒伯特的附加曲喝彩时,心里一定很难过。另外,舒伯特虽然有功劳,但节目表中却没有他的名字,他一定很失望的。"

事实上,由于乐谱的不断出版,舒伯特的名气和才华已愈来愈显耀。但是社会上的人还是把他当作一名新人看待,很少有人要求他作曲。

虽然如此,剧院方面却意外地请舒伯特为艾洛耳的歌剧《魔铃》作附加曲。所谓的附加曲,是以加强歌剧内容或使剧情有所变化为目的而另外写的曲子。

"老实说,是我劝舒伯特写这种附加曲的。我告诉他,每个人在开始时都是无名小卒,所以,我希望他把写这种曲子当作一种练习,而由我来与剧院接洽。他答应之后,便立刻动笔,真想不到,这首附加曲会这么受欢迎。既然这样,下次就要给舒伯特好的剧本,让他独自负责作全曲,这出剧本就交由我来写。"

"什么?萧伯,你真的这么想吗?别开玩笑了!你虽然头脑灵活,又会作诗,但你能写歌剧吗?我看很有问题。"

修伯恩吃惊而怀疑地对萧伯说,但萧伯回答:

"交给我办吧!学长。为了庆祝舒伯特这次又要搬到我家住,

歌曲之王——舒伯特

知识链接

所谓作词，是指因歌而去写作表达感情的词。从《诗经》到后来风靡几世的宋词，从远古的部落传唱到如今的地方戏曲，所有的词无一不是因歌而作。因为人类天生具有情感，在需要宣泄或表达的时候，就会需要歌，而歌的过程中又需要适当的词来填充。于是，就有了作词。

我准备过些日子举办一次郊游，你看怎么样？你一定要参加，假如老爹不去的话，这个活动将会失色不少！"

"少拍马屁，好吧！我决定参加郊游。"修伯恩爽快地答应了。

不久后，一向阔气的萧伯、老爹修伯恩、诗人梅尔霍华和画家克贝尔威扎、休文特等舒伯特的新旧好友们，一同前往离维也纳不远的爱根堡的萧伯亲戚家去玩。这位萧伯的亲戚，也是个阔气的人，每年到了夏天，就从维也纳请来客人，举行为期三天的"爱根堡纪念日"。

萧伯邀请好友们一同参加这三天的"爱根堡纪念日"的原因之一，是修伯恩将调到他的故乡利茵兹服务，借此为他饯别。这是1821年7月的事。

"大家唱歌、跳舞吧！"

24岁的舒伯特非常兴奋地弹奏舞曲。这种欢乐的场面，被克贝尔威扎和休文特这两位画家分别绘成水彩画和素描，流传到后世。

喜欢玩的萧伯，在三天的"爱根堡纪念日"之后，又把这群朋友请到他自己的别墅——洽托莱森河（多瑙河支流）山谷间风景优美的"奥克森堡庄"。后来，只有舒伯特和萧伯两人留住在那儿，他们两人之所以居住在离维也纳约70千米西方的安静山溪别墅里，是另有原因的。

"朋友们都走了，从今天开始，我要专心写我的杰作。"萧伯说。

舒伯特也愉快地说：

"好！那么，你每写完一章，我就为它谱曲。"

他们两人开始合作写歌剧，这出歌剧叫作《阿尔丰索与艾斯特瑞拉》，是一部内容包括爱情、阴谋、战争的复杂作品。剧情大致是：某位国王驱逐了领主父子之后，为此事立功的将军，要求国王把公主艾斯特瑞拉嫁给他，使得国王非常苦恼。后来，被驱逐的领主之子阿尔丰索揭穿了将军的阴谋，并娶了公主为妻，最后，阿尔丰索

※ 多瑙河流经维也纳市区，使维也纳更具丰润之色，维也纳也被称为"多瑙河的女神"

当了国王。这是一出以西班牙王室为主题的歌剧。

从1821年9月到10月间，萧伯和舒伯特两人拼命地作词和作曲。萧伯早年丧父，只有母亲，又生长在有钱人家，有些任性。他有时就住到在圣波尔坦的伯父家中，并举行"舒伯特的作品发表会"，或邀请贵族妇人到家里参加舞会，显得很阔气。

到了11月，他们两人就一同回到维也纳。这时，由两人合作写成的歌剧《阿尔丰索与艾斯特瑞拉》也已经完成了两幕。

这一年对于舒伯特来说，除了第一次出版乐谱之外，还有很多值得一提的事，如3月时大歌手佛格尔在宫廷剧院中，特地为他演唱《魔王》。夏、秋之间，他参加了愉快的郊游和旅行；此外，他的《死与少女》也以编号"作品七"出版。

的确，对舒伯特来说，这一年是幸福的一年。这期间，除了歌剧外，他还写了第七交响曲、舞曲和歌曲《人的界限》《斯拉伊卡》（歌德诗）等名作。

舒伯特在社会上稍有名气以后，他父亲对他也改变了态度，再次准许他回家。三年以来，舒伯特第一次回到了自己的家。

歌曲之王——舒伯特

未完成交响曲

这是1822年4月的一天，25岁的舒伯特拿着刚印好的乐谱，兴奋地向约瑟夫·西典布伦纳说：

"我要把这份乐谱送给贝多芬先生，你能不能和我一起去？他是世界上最伟大的音乐家！听说，不久之后，他就会完成一首有合唱的大交响曲，真不知道这首大交响曲会是多么伟大！贝多芬是比天才莫扎特才能更高的大天才，像我这样的人，是绝不能跟他相比的。我的交响曲比起器乐大作曲家贝多芬的大交响曲，简直是小巫见大巫！我也只能把

※ 用来编织桂冠的月桂树

※舒伯特十分推崇贝多芬，他认为贝多芬是最伟大的音乐家。图为贝多芬故居

歌曲改成钢琴曲呈献给他而已。"

乐谱封面上，印有很大的德文"贝多芬"字样，非常醒目。而且，这个名字的周围，以象征荣誉的月桂冠树叶图样围了起来。

然而，这本乐谱却不是贝多芬的作品。乐谱封面上印着：

"根据法国式歌曲改编成两人弹奏的变奏曲，献给路德维希·凡·贝多芬，以表示对贝多芬的敬意。法兰兹·舒伯特作曲，作品十。版权所有者：维也纳葛拉贝恩街1133号，卡比·温得·狄亚贝里。"

简单地说，舒伯特是要把这首钢琴曲呈献给他一直深深敬爱的贝多芬。当然，这和普通的赠送不同，在乐谱的封面上，贝多芬的名字被放在文字的中央，并用象征荣耀的月桂冠围起来，这种做法确实很符合性情老实的舒伯特作风。而且，所谓的"法国式歌曲"是舒伯特在却利斯庄时所作的歌曲，他把这首歌曲改写成钢琴变奏曲献给贝多芬。

"听说，很早以前，他的耳疾恶化，现在几乎连自己作的曲子

歌曲之王——舒伯特

知识链接

变奏曲是指主题及其一系列变化反复,并按照统一的艺术构思而组成的乐曲。变奏一词出自拉丁语variatio,原义是变化,即主题的演变。从古老的固定低音变奏曲到近代的装饰变奏曲和自由变奏曲,所用的变奏手法各不相同。作曲家可新创主题,也可借用现成曲调,然后保持主题的基本骨架而加以自由发挥。手法有装饰变奏、对应变奏、曲调变奏、音型变奏、卡农变奏、和声变奏、特性变奏等。

都听不到。所以,他平时脾气很古怪,不愿意见生人。我很怕见不到他,约瑟夫,请你陪我一起去吧!"舒伯特说。

以前安哲姆曾到过贝多芬所住的地方,他的弟弟约瑟夫便答应舒伯特:"好!没问题!"

虽然乐谱封面上写的大字"贝多芬"很能表达出舒伯特的个性,但约瑟夫一直介意的事是,封面上所印的"版权所有者狄亚贝里"这两行字。

"你看,这是什么意思!这样的话,好像是你这个作曲者自己连所有权都没有,狄亚贝里可以随便出版你的作品,有权自由发售。"

"对!不错!"舒伯特露出了一副理所当然的表情说,"我决定以后都让狄亚贝里出版我的作品,这样是不是对我比较有利?狄亚贝里也是这样说的。那老头虽然不好,但有时也相当亲切。

"我和贝多芬不同,我的作品,尤其是器乐曲(器乐指键盘乐器,特别是钢琴),不容易卖掉。所以,我与其按照售出的数量慢慢地拿钱,还不如一开始就先拿到一笔相当的金额,然后把其他的事都交给狄亚贝里处理。我觉得这样对我比较有利,而且也不麻烦。

"但是,万一卖不出去的话,就实在太对不起狄亚贝里了!因为,听说纸张费和印刷费都相当贵。"

"这么说,你把《魔王》《野玫瑰》等歌曲的乐谱版权也卖了?"

"当然!"舒伯特毫不在意地回答。

听舒伯特这么一说,约瑟夫·西典布伦纳内心不禁叫道:"糟糕!"

原来,老实的舒伯特被狡猾的乐谱出版商狄亚贝里欺骗了。因为狄亚贝里明白,将来舒伯特的作品必然畅销。所以他便和舒伯特签订

※舒伯特所崇拜的贝多芬

合同,凡是舒伯特的作品,他一律买下版权,将来无论是否畅销,都不必再付给舒伯特任何费用。

"舒伯特,你这家伙上了狄亚贝里的当!"

"什么?怎么会?"

舒伯特吃了一惊。当他听了西典布伦纳的说明之后,心里虽然很不愉快,但仍半信半疑地说:

"是这样吗?不过,我想没关系的,反正已经答应他了,现在最重要的事是,要尽快把这首变奏曲送给贝多芬,不知道他看了这首曲子后会怎么说?"

舒伯特心里似乎只关心和贝多芬初次见面的事。西典布伦纳说:

"你至少看过贝多芬吧?"

"当然看过!以前,我远远地看过他好几次。大概是在音乐会场或者啤酒店这类地方看到的。很久以前,在萨里埃利先生的庆祝会上,我第一次见到他。"

但是,内向的舒伯特多年以来,从来不敢走到贝多芬的面前自我介绍。

这一次,舒伯特为了呈献自己作的曲子给贝多芬,才鼓起了勇气准备去拜访他。想到要去拜访52岁的音乐家贝多芬,也难怪他要紧张、兴奋了!

舒伯特终于来到了贝多芬家的大门口,他的心仍不停地跳着,他拉了门铃的绳子后,有一位女佣出来开门,她看了一眼穿着朴素而戴了一副眼镜的小个子舒伯特后,说:

"先生出门去了。"

"是吗?那么,请问他什么时候回来?"

"我想大概是出去散步了,他并没有说到哪儿去。他带了乐稿出去,我不知道他什么时候能回来……有什么事吗?"

"不!没什么特别重要的事。如果先生回来的话,请你把这东西交给他。"

舒伯特有点慌乱,见不到贝多芬,他觉得很遗憾!但另一方面,他也松了一口气。于是,他小心翼翼地把包装好的乐谱,交给了女佣。女佣又说:

"请问尊姓大名?"

"写在里面了。"

站在舒伯特旁边的约瑟夫·西典布伦纳口吻轻松地向女佣说:

"他是作曲家舒伯特。"

歌曲之王——舒伯特

舒伯特本人连对贝多芬家的女佣说话都显得有点紧张。后来,他用眼神暗示西典布伦纳要回家,于是,他们很快地离开了贝多芬的门前。

贝多芬很喜欢散步,在散步时,常会有音乐的灵感。就这样,25岁的舒伯特就再也没有见到贝多芬。这件事是根据西典布伦纳的回忆录流传到后世的。

但另一方面,根据贝多芬的私人秘书所写的回忆录,当时舒伯特是由乐谱出版商狄亚贝里陪同去见贝多芬,由于舒伯特性格内向,所以并没有和已聋的贝多芬谈很多话就离开了。不过,一般认为,这位私人秘书的回忆录中记载的事并不可靠。

过了半年左右,舒伯特完成了第五首弥撒曲(降A大调)。其实,这首弥撒曲是在三年前写成,舒伯特又加以修改,这对于舒伯特来说,是很少有的事。后来,舒伯特又再次把这首弥撒曲修改了一番。他之所以把一首作品改了又改,很可能是受到了贝多芬的影响。贝多芬每写一首作品时,往往是花费很长的时间才完成,例如著名的第九交响曲完成于1823年,但贝多芬开始写这首交响曲时是1817年或者更早。

1822年秋天的某一个黄昏。

"真对不起!都怪我多管闲事。不过,贝塔士这家伙也真是的,他怎么可以拒绝上演你的曲子呢?"

西典布伦纳愤愤不平地向舒伯特道歉,舒伯特安慰他说:

"没关系!你的好意我很感激,我才对不起你呢!"

在旁边的萧伯也对舒伯特说:

"我也很没面子,以前一再催你写《阿尔丰索与艾斯特瑞拉》,但到目前为止,还没有上演的希望。"

"没关系!你们两人都别担心这件事,我这个穷人常常麻烦你们,倒觉得不好意思!最近,我想写一首好的交响曲,虽然我不能和贝多芬比,但我也一定要作一首正式的交响曲流传于后世。"

"算了吧!你这么年轻,说什么后世,这种话不吉利……但是,为了预祝你将来的成功,我们今晚热闹一下吧!"

萧伯如此说,西典布伦纳也同意道:

"好!我们喝个痛快吧!不过,喝完酒后,我不想再换地方继续。萧伯,你千万不要把舒伯特带到那些怪地方去。"

"别那么说嘛!人家听到了不知道会怎么想呢!什么'怪地方'!"

萧伯向西典布伦纳抗议,但此

时，他们两人的脸上都露出了微笑。一向爱玩的萧伯，是不是曾经把舒伯特带到过所谓的"怪地方"呢？

从1821年秋天开始，萧伯和舒伯特合作写的歌剧《阿尔丰索与艾斯特瑞拉》，已经于1822年2月在维也纳完成。

对于演剧界消息灵通的萧伯，虽经过相当的努力，但到目前为止，这出歌剧还没有上演的机会。原因是，像克伦特门剧院那种大的宫廷歌剧院，已交给意大利人多梅尼哥·巴尔巴耶经营，名歌手佛格尔也离开了这个剧院。

维也纳的歌剧界和过去一样，罗西尼等意大利作曲家的势力强大，就连贝多芬唯一的歌剧《费德里奥》和已逝的莫扎特的歌剧，也被意大利作品所压倒。虽然1822年春天，36岁的德国作曲家韦伯带着他的新歌剧《魔弹射手》到维也纳上演，获得了成功，但是韦伯离开维也纳之后，歌剧界又再度成为意大利作曲家的势力范围。

舒伯特曾在维也纳拜访了前辈韦伯，韦伯对于他的歌剧《阿尔丰索与艾斯特瑞拉》非常欣赏。然而，虽然有韦伯的推荐，《阿尔丰索与艾斯特瑞拉》仍无法在维也纳的任何一家歌剧院上演。

"没关系！没关系！不要为这种事泄气。"

现在，在"匈牙利皇冠馆"，舒伯特愉快地把啤酒杯碰了一下萧伯的酒杯，然后一口气就干了。

西典布伦纳有点担心地说："舒伯特，你不能再这样继续喝下去了！我哥哥安哲姆和回到利茵兹服务的修伯恩，都非常期望你有所发展。"

"你们不必担心，我迟早会把交响曲寄给安哲姆，使他在格拉次的音乐协会有面子。另外，我也写信给老爹了，我告诉他，我经常住在黑驹小学，让他放心。"舒伯特

知识链接

韦伯于1786年11月18日生于奥伊廷，1826年6月5日卒于伦敦。他出身音乐家庭，从小接受良好的音乐熏陶，曾师从海顿之弟学习作曲，14岁就写了不少作品。1803年在维也纳师从G.J.福格勒学作曲，1804年任布雷斯劳的歌剧指挥，后因其改革思想不被理解而被迫辞职。1807年在斯图加特任符腾堡公爵的秘书，1810年重新投入音乐活动。他有一双大手，可以轻松地弹奏十度内的四部和声，演奏风格亲切而富于技巧。

歌曲之王——**舒伯特**

※ 莱比锡（德国 老市政厅）

愈说愈高兴。

对于歌剧《阿尔丰索与艾斯特瑞拉》还没有上演的事，约瑟夫·西典布伦纳比作词者、作曲者两人还要着急。他不但向维也纳的宫廷剧院和其他剧院交涉，甚至向慕尼黑和布拉格（捷克首都）的剧院接洽，如果不愿上演《阿尔丰索与艾斯特瑞拉》的话，希望能够同意上演舒伯特的早期歌剧《恶魔山庄》（1814年作）；但是，他的这些努力，都没有成功。西典布伦纳也很关心舒伯特乐谱出版的事。那年秋天，他特地写信给莱比锡的贝塔士大出版社交涉；然而，这件事和五年前在莱比锡的其他出版社所作的交涉情形一样，也失败了。

虽然经过不少挫折，但由于修伯恩和安哲姆·西典布伦纳的大力推荐，舒伯特成了利茵兹市和格拉次市音乐协会的荣誉会员。

舒伯特把歌曲集"作品十三"寄给修伯恩，发信地点写的是驹野的黑驹小学。他父亲所办的这所小学，过去曾在驹野一带搬迁了好几次。

"约瑟夫，你真有点多管闲事。啊！我失言了，我收回这句话好了！对不起！对不起！约瑟夫，舒伯特，你们两人预祝我成功吧！现在我正在学习演戏，迟早我一定会上台，让观众们大声叫好。你们看怎么样？"

萧伯把酒杯举起，舒伯特也立刻把杯子举起，碰了一下萧伯的杯子；但是，西典布伦纳却犹豫了一下。

"哎呀！休文特，你来得正巧，我们正准备到别的地方继续喝酒。"

由于18岁的画家休文特的出现，萧伯和舒伯特似乎愈来愈高兴。但是，约瑟夫·西典布伦纳并不赞成再到其他地方喝酒，他可能是想起哥哥安哲姆回乡奔丧的事。

后来，舒伯特写上"1822年10月30日"而寄给约瑟夫的哥哥安哲姆的作品，就是闻名后世的第八交响曲《未完成交响曲》（B小调）。不过，作品上的日期到底是开始作曲时写的，还是作曲结束后才写上的，没有人知道。至于为什么这首交响曲只完成两个乐章，而第三乐章只写了九小节而已，这个问题到今天仍是个未解的谜。

舒伯特被推荐为以格拉次市为中心的东南地方音乐协会的荣誉会员，他为了感谢音乐协会，便根据当时的习惯，把这首第八交响曲经由住在当地的好友安哲姆转送给音乐协会。但是，为什么在舒伯特去世后37年（1865年），这份乐谱会在已成为老人的安哲姆·西典布伦纳家被发现，而在此后才被公开演奏呢？这可能是因为当时安哲姆以为，舒伯特的这首只有一、二两个乐章的《未完成交响曲》，还没有完成，所以，他就继续等待舒伯特寄第三和第四乐章，而迟迟没有送交音乐协会。

事实上，舒伯特在1821年所写的第七交响曲也没有完成管弦乐的总谱。而这首1822年的《未完成交响曲》，由于后世特别出名，所以才会产生各种传说。这首《未完成交响曲》是充分发挥舒伯特浪漫本质的伟大杰作，有情趣生动的美妙乐音，与结构严整的贝多芬交响曲有着全然不同的魅力。

1822年，舒伯特25岁的这一年，虽然他历经种种艰辛，受到乐谱出版商狄亚贝里的欺骗，写好的歌剧又没有机会上演，但到了秋天，他根据旧作《流浪者》（1816年创作）改写成杰出的钢琴曲《流浪者幻想曲》，足见他的作曲功力仍旧很强。

歌曲之王——舒伯特

最后的旅程

在对外作品发表会之前，舒伯特就已经写完了C大调的《伟大交响曲》；1828年5月，完成了由剧作家葛利儿巴尔札作词的神剧《米利安的胜利》；6月，与朋友们一同出外郊游时，随身带着五线谱纸，写下各种钢琴曲；7月，开始作弥撒曲，在这期间，也作了歌曲；8月，几乎完成了后来题名为《天鹅之歌》的歌曲集。由此可知，舒伯特的创作能力确实是超人一等的。

然而，由于舒伯特的健康情况逐渐变坏，到了1828年9月，终于由他在教会服务的哥哥费迪南出面，将舒伯特安置在他郊外的家。费迪南的家是一幢租来的三层楼建筑物，但这幢房子因刚盖好，墙壁尚未完全干透，湿气相当重，对于健康并不好。

※ 天鹅

"法兰兹，你既然搬到这儿来了，就应该好好休息。"

虽然比舒伯特大3岁的教会音乐家费迪南哥哥给予了忠告，但是这位弟弟却在9月间用搬到费迪南家的那架钢琴完成了3首曲子。这种作曲速度，使得费迪南非常担心，于是，他准备

> **知识链接**
>
> 海顿（1732年3月31日—1809年5月31日），维也纳古典乐派的奠基人，出生于奥地利南方靠近匈牙利边境风景秀丽的罗劳村。海顿是世界音乐史上影响巨大的作曲家。他是维也纳古典乐派的第一位代表人物，一位颇具创造精神的作曲家。

要缓和他弟弟的情绪。1828年10月初，费迪南在准备和两个朋友一同作徒步旅行时，也邀舒伯特一同前往。在这次的徒步旅行中，舒伯特走到了铁城，而得以拜谒音乐前辈约瑟夫·海顿的墓地。

在这次的三天旅行期间，舒伯特为赛尔弦的诗《传信鸽》（描写把信鸽放到爱人所住地方的诗）谱出了缓和、美妙的歌曲，这首曲子，竟成了舒伯特最后的一首作品。这首《传信鸽》在舒伯特逝世半年后，被编入歌曲集《天鹅之歌》（共14曲）的最后一曲。《天鹅之歌》的题名，当然并不是舒伯特本人所取。而且，14首曲子也不像《美丽的磨坊少女》和《冬之旅》等是有连贯性的故事曲。歌曲集《天鹅之歌》中的每一首曲子都是名曲，尤其是《小夜曲》《安息之地》（均为雷尔斯塔诗），以及《在海边》《幽灵》（均为海涅诗）等，因具有丰富的情趣和伟大的效果而特

※ 海　顿

歌曲之王——舒伯特

别著名。

舒伯特在旅游途中和回家后的几天,健康情况一直不错,但到了10月中旬以后,他的食欲大减。10月底,他和哥哥费迪南一同到以前常去的里希登塔尔区"红十字餐厅"用餐,舒伯特吃了一口鱼后,感到很恶心,因而叫道:"这种味道好像有毒。"

于是,他立刻把刀和叉放在桌上。

从那天开始,舒伯特便开始吃药,食物也吃得很少。他可能认为散步有益于健康,所以,11月3日那天,他散步到赫纳尔期教会去。这段路相当长,但由于他在教会中听到了他哥哥费迪南所作的《安魂曲》,所以感到非常高兴。4日,他前往维也纳市区,拜访了宫廷指挥者兼对位法专家吉蒙·哲西塔。然后,他又作了教科书和上课时间的接洽,才回到家。

天才舒伯特,想向知名度不高的41岁理论家哲西塔学习对位法和赋格(遁走曲)。这两个科目是他以前在霍尔策先生和萨里埃利先生

※ 约翰·施特劳斯也是奥地利历史上扬名世界的音乐家

知识链接

在维也纳市郊,有一座庞大的公墓——圣麦斯公墓,它闻名的原因就与音乐家有关。圣麦斯公墓建于1784年,地面宽广,共有100多万个墓葬,按宗教划分为基督教墓区、犹太教墓区和伊斯兰教墓区等。在公墓中间有一处墓区,树木葱茏,气势显赫,纵横交错地排列着许多大理石墓,并有很多姿态各异的雕塑,这处墓区就是中央公墓,这里安葬着莫扎特、海顿、贝多芬、舒伯特和施特劳斯父子等著名音乐家。

那儿一直没有机会学到的。舒伯特想进一步地达到他所敬爱的贝多芬的水准。

"亲爱的萧伯,我现在有病。我已经11天不吃不唱了,只是无精打采地在安乐椅和床之间摇摇晃晃地走来走去。"

这是11月11日舒伯特写给萧伯的最后一封信。他患的病是伤寒。

修伯恩前往探病时,舒伯特的同父异母妹妹——13岁的约瑟华正在照料舒伯特。17日下午,还在见习阶段的编剧家巴维伦非特去探望舒伯特时,一直为舒伯特诊治的医生因为自己也生了病,所以换了一个医生为他治病。躺在病床上的舒伯特,一会儿谈着他那未完成的歌剧《格莱先伯爵》,一会儿呓语。

18日,舒伯特可能以为自己是躺在地上,所以,向他哥哥费迪南表示要回自己房间,并挣扎着叫道:"贝多芬不在这里!"后来,医生来时,舒伯特一直看着医生的脸,然后,突然把手伸到床边,似乎想要抓住墙壁似地说:"这是我人生的终点!"

1828年11月19日,舒伯特一句话也没说,下午三时左右,他安详地与世长辞了。天才作曲家、奥地利的歌曲之王法兰兹·舒伯特,结束了他只有31年的短暂人生。

葬礼是两天后的21日下午,在马加莱登教区的圣约瑟教会举行。躺在灵柩中的舒伯特,额头上用月桂冠装饰着。这天,一会儿阴暗,一会儿下雨,舒伯特的朋友们和很多不认识的人都前来参加葬礼。在葬礼中,还唱了舒伯特的《和平与你同在》(由萧伯重新作词)。

仪式完毕后,舒伯特的遗体被运到威陵墓场,埋葬在贝多芬的墓旁。这是费迪南因深深了解他弟弟的愿望而作的安排。

第二年,舒伯特的朋友们和一些热心人士为舒伯特立了墓碑。在

※ 舒伯特的墓碑

墓碑上，刻有剧作家葛利儿巴尔札所写的铭志：

在这里，长眠着音乐里丰富的财宝和最美丽的希望。
法兰兹·舒伯特在此永眠。
1797年1月31日生。
1828年11月19日殁。
享年31岁。

1863年，人们将舒伯特的墓和贝多芬的墓重新整理。1888年9月23日，这两位天才改葬在维也纳东南部的"中央墓地"。舒伯特终于能与他所敬爱的贝多芬一同永眠了！